NF文庫
ノンフィクション

キスカ撤退の指揮官

太平洋戦史に残る作戦を率いた提督木村昌福の生涯

将口泰浩

キスカ撤退の指揮官——目次

キスカ撤退の指揮官

——太平洋戦史に残る作戦を率いた提督木村昌福の生涯

プロローグ

平成二十一（二〇〇九）年三月三十日、東京・新橋のビル十一階「富士海事株式会社」。風呂敷包みを抱えた老齢の男性が社長を訪ねてきた。

「命の恩人の遺族に写真を渡したい」

男性が風呂敷包みを開けて見せた写真は、雪の中で整列している海軍将校の姿だった。前列三人目に、ひときわヒゲが立派な将校が写っている。

「ヒゲのショーフク」と呼ばれた木村昌福《きむらまさとみ》である。

男性は小野打数重《おのうちかずしげ》（八九）＝神奈川県横須賀市。昭和十八年七月、奇跡の作戦と呼ばれた「キスカ撤退作戦」で救出された五千百八十三人のうちの一人だった。

「アッツ島が玉砕した後、次はキスカだと言われて、いつでも死んでやるとあきらめていました。木村さんが命がけで助けてくれなかったら、私たちの命はなかった」

ゆっくりとした小野打の話の一言一言に、社長の木村氣《きむらのぼる》（八一）は同じようにゆっくりとうなずいた。木村昌福の次男である。

昭和十九年一月三日、年頭の作戦会議で周辺の海軍将校が千島列島の占守島《しゅむしゅ》に集まった際、小野打が撮影した写真が、六十五年ぶりに遺族の手に戻った。五千百八十三分の一の感謝だが、小野打の声は震えていた。

△木村昌福の次男、氣(左)に写真を贈った小野打数重。平成21年３月。▽占守島での木村（前列右から３番目）。昭和19年１月、小野打数重撮影。

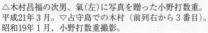

第一章　大人の風格

昭和十七（一九四二）年六月七日、日本軍が初めて、米国領に日の丸を掲げた。カムチャッカ半島からアラスカまで連なるアリューシャン列島のキスカ島である。カムチャッカ半島から東に千百キロの、真夏でも氷点下に近い凍土の孤島だ。

米軍はアリューシャン列島に戦略的価値を見出していなかったが、日本軍はミッドウェー作戦の陽動作戦として、計画を遂行した。日本軍は、キスカ島には米軍海兵隊一個中隊が守りについていると推測していたが、舞鶴鎮守府第三特別陸戦隊が上陸した際には、米軍の気象観測担当の隊員十人が観測作業をしていた。

――帝国陸海軍部隊の奇襲占領によって、北方に対日進攻基地ありと考えていた米国の野望もはかなき白昼夢と化してしまった。かくて我が軍は北方に新たな根拠地を確保し、全米全土に対し、攻撃態勢をとり、帝国の防衛水域もまた二千里伸張するに至った。濃霧と北太平洋の荒海を征服して無敵の進撃を続けた皇軍将兵の勇戦奮闘に、一億国民は、ただ感謝の

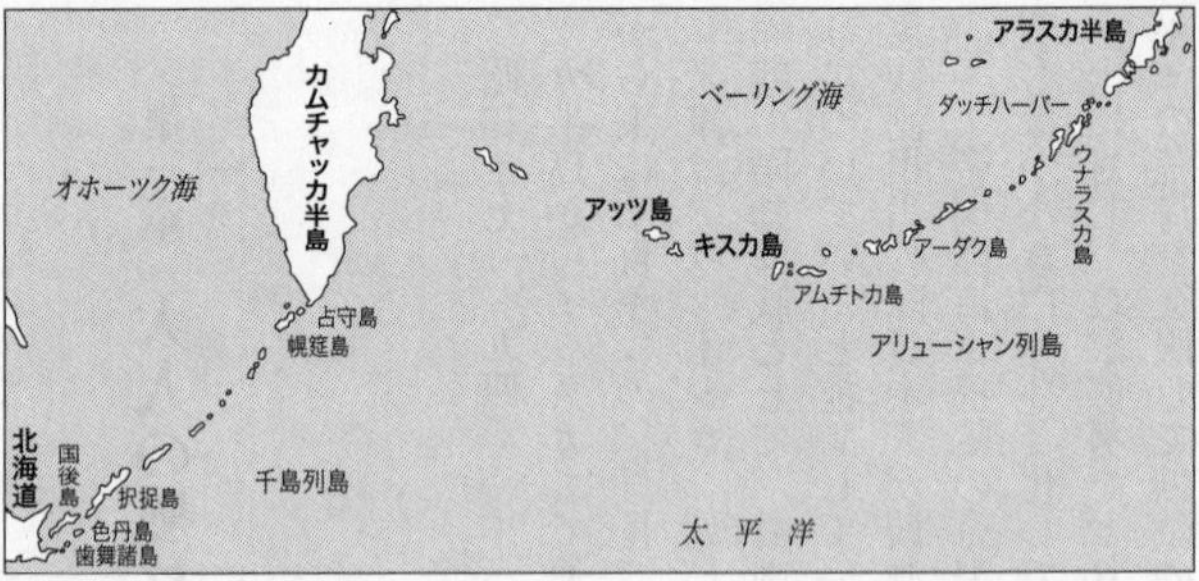

熱誠を捧げ、ひたすら勇士の武運長久を祈るのであった――
朝日新聞の従軍記者は興奮のあまり、熱に浮かれたような記事を送稿した。

翌八日には陸軍北海支隊が、キスカ島から三百キロほどカムチャッカよりのアッツ島に上陸した。半日の無血上陸だった。日本軍が発見したのは米国人夫婦とアリュート人三十七人だけで、米軍の姿形はなく、「無敵の進撃」も「勇戦奮闘」もなかった。

キスカ島では海軍報道班が撮影した、軍旗を掲げてキスカ湾を見下ろす海軍兵士と、気象隊員に尋問する写真が残っている。アッツ島でも唯一の集落であるチチャゴフ集落の目抜き通りで、敬礼する兵士に囲まれ、日の丸が翻《ひるがえ》っている。その後、現在に至るまで、米国領が外国の軍隊に占領されたことはない。米軍としては屈辱的な写真であることは間違いない。

日本軍は米国領の二島を占領したことで、米国本土進撃の橋《きょう》頭堡《とうほ》を築いたかのような錯覚に陥った。しかし、一八六七年にロシア皇帝から、わずか七百二十万ドルでアラスカとのセット販売で譲り受けたアリューシャン列島にその価値はなかった。

キスカ島に上陸した日本兵の尋問に答える米軍気象隊員。昭和17年６月。

米軍は開戦後にもかかわらず、何の配備もなく、現在もキスカ島は無人島である。

キスカ島とアッツ島。わずか三百キロしか離れていない二島は一年後、数奇な運命をたどる。

アッツ島では昭和十八（一九四三）年五月二十九日、上陸した米軍と壮絶な戦闘の末、守備隊二千五百人以上が玉砕。日本軍で最初に「玉砕」という言葉が使われた戦闘だった。

その二カ月後の七月二十九日、キスカ島守備隊五千百八十三人全員が木村昌福率いる救援艦隊により、救出された。米艦隊の包囲網をかいくぐり、一兵も残さず、日本領土に生還した。八月十五日、米軍は三万五千人の大兵力が無人のキスカ島に上陸、同士討ちを演じ、死者九十五人、負傷者七十八人を出した。戦果は「捕虜、雑種犬三頭」だった。

米軍に「奇跡の作戦」「パーフェクトゲーム」

と言わしめたキスカ撤退作戦の指揮官である木村昌福はいかなる人物だったのか。一度目の救出作戦は失敗し、帰還した際には腰抜けよばわりされたが、批判を意に介せず、二度目は成功させた。勢いがある進撃はたやすいが、撤退という負の作戦でありながら、海軍上層部の批判に耐え、部下を信頼し、救援艦隊をまとめ上げ、作戦を遂行した。

「生きて虜囚《りょしゅう》の辱《はずかし》めを受けず」の戦陣訓を胸に刻んで戦った帝国軍人。しかし、木村は幾度も撤退し、敵味方なく命を救い、戦後は製塩会社を興《おこ》し、部下の生活を助けた。

木村は指揮官として注意すべき三つの条件を挙げている。

・ただ無理矢理突っ込むのは匹夫の勇。敵を知り己を知ることによって初めて真の戦《いくさ》ができる。

・「危険なことはおれがやる」という部下を思う至情と、指揮官先頭の気迫と責任感が必要だ。

・部下が迷ったときには指揮官として何らかの指示を与え、自分の立場、自分の責任を明確にすべきだ。

部下にとっていいリーダーの条件とは何か。百年に一度の不景気のいま、撤退することは敗北なのか。懐が深く大きな木村の海軍魂が現代の日本人に問いかけるものは何か。

海軍すべてが注視していたキスカ撤退作戦。五千百八十三人が浜辺で待つキスカ島の沖合。木村は聞こえるか聞こえないかの声で言った。

「帰ろう。帰れば、また来られるからな」

木村は生きて帰りたいと願うキスカ島守備隊の願いをわかりながらも、一度引き返した。

国の隆昌と人の幸福

静岡市紺屋町《こうや》。ＪＲ静岡駅北口を出て国道一号線を渡ると、デパートの松坂屋やファッションビルのパルコ、ホテルなどがある静岡随一の繁華街が広がっている。地方銀行の本店と都市銀行や保険会社の支店が覇を競うように建ち並び、デパートの間を縫うように全国チェーンの居酒屋と地元資本の居酒屋が軒を連ねる。どこにでもある中核地方都市の雰囲気を漂わせている。

その一角、パルコの正面に鳥居がある小梳《おぐし》神社が北条、今川、徳川が受け継いだ駿府の歴史を感じさせる。徳川家康が今川義元の人質として、駿府城にいたとき、遊んでいた思い出の地でもあり、家康が駿府に立ち寄った際には必ず、武運長久を祈願した。飲食街にあるため、明治以降は再三の火災で焼失したが、その度に住民の寄付で再建、ビルの日陰になっている境内にはひっそりと社殿が残っている。

境内の北に隣接する四階建てビル、以前はパチンコ東洋があった場所。ここに木村昌福の生家があった。

明治二十四（一八九一）年十一月二十六日、木村昌福は静岡市紺屋町で、近藤壮吉と鈴の次男として生まれた。母の鈴は鳥取藩士、木村木也の一人娘だったため、明治二十五年九月、次男が母方の実家を継ぐ形で、祖母の木村登実の養子になり、木村姓を名乗った。このため、木村の本籍地は鳥取で、記録によっては鳥取市出身と記載されているものもあるが、実際には静岡市出身である。

木村家は宝永五（一七〇八）年、鳥取藩に源右衛門が十人扶持《ぶち》で召し抱えられた。祖父の木也は八代目で、木也は「袖丸宗匠」という俳号で知られる俳人だった。木村が後年、書に親しみ、画才に富んでいたのは祖父の才を受け継いだものと思われる。

後年、木村が鎌倉に建てた家を「秋草庵」と自称していたが、これは祖父の戒名「秋草庵日詠袖丸居士」から取った。軍人よりも、悠々自適の俳人という生き方に憧れがあったことがわかる。

昌福という縁起がよい名前の由来の記録がある。

――明治二十四年十一月二十六日第二期帝国議会開かる　天皇議院に親臨し開院の式を挙け玉ふ　勅に曰く　朕既に我か光輝ある憲法上の進行を誤らさることを嘉し更に卿等か帝国の隆「昌」と人民の幸「福」とを以て目的とし和哀協同して益々その公務をつくすことを望むと　次男是日を以て生まる　依って名に命すと云爾《しかいう》　昌福――

壮吉は明治九（一八七六）年から始まった現在の弁護士である代言人検査に合格。雄弁な代言人として活躍、改進党員として、演説会で登壇するなど政治的活動も盛んだった壮吉は日本近代化の暁の光明と次男誕生の喜びを重ね合わせた。

静岡市商工会議所に残る明治二十四年印刷の有名建築家図鑑に生家「審法館静岡県静岡市

紺屋町近藤壮吉」の図があり、千坪以上の弁護士事務所併設の自宅が描かれている。「KONDO　SOUKICHI」というタイトルの上には遠くに富士山を望み、静岡停車場や郵便局、小梳神社に囲まれる形で、邸宅がある。「審法館」という名にふさわしい豪邸だ。

静岡市紺屋町の木村の生家跡には雑居ビルが建設されていた。

地方都市の一等地の豪邸で過ごした何一つ不自由がない幼少時代が、成人しても功名欲や権力欲、金銭欲などに無頓着だった性格にも影響を与えた。いい意味の「坊ちゃん」であり、最後まで「ノブレス・オブリージュ」(貴族の義務)を全うした木村の原点である。

しかし、代言人の法的地位は改正代言人規則で定められていたが、官尊民卑の意識が高く、官の裁判官や検察官に比べ、民の代言人の職業的地位は低く、裁判所でも裁判官から呼び捨てにされていた。待遇の悪さから、金銭目的で個人取引をする代言人も多く、このことが地位が低いままの要因の一つだった。このころから、危機感を持った代言人が各地で組合を結成し、父、壮吉も静岡での組合活動の中心人物だった。

しかし、強きをくじき、弱きを助けるような壮吉にとって、代言人の仕事は金銭を得るだけのものではなかった。事業に行き詰まっていたのか、事務所を静岡から東京に移した。その後、妻子を静岡に残し、実母と二人だけで朝鮮に渡ったが、大正五（一九一六）年十月十二日、帰国途中の下関で病死した。

詳しいことはわからないが、法名だけが人柄を物語っている。

「豊徳院辨要正説居士」

代言人という職業に誇りを持ち、真っ直ぐな正論を唱え続けた熱血漢。強者に対する反骨心と弱者に対する慈悲の心を持った男だったあまり、弁護士稼業では成功しなかったのではないだろうか。この父の性分は木村に色濃く反映している。

父親が不在がちだったため、母の鈴が子どもを育て上げた。「締まり屋で男っぽい感じがする姑だった」。木村の末弟、近藤一声《いっせい》の妻はそう記憶している。

鈴は東京女子師範学校（現・お茶の水女子大学）の一期生試験に合格し、鳥取から上京した。男子の教育もままならない明治初期としては異例のことだ。

鈴がすでに母になった明治二十八（一八九五）年の調べでも、旧制中学校などの中等教育在学生のうち、女子の占める割合はわずか〇・二パーセントで、大学や師範学校などの高等教育は〇・〇と数字にならないほどしかなかった。明治八（一八七五）年、尋常小学校の女子就学率はわずか十八・六パーセントでしかない。

女は最低限の読み書きさえ覚えればいいという時代、一人娘の鈴は教育者を目指し単身上京し、進学した。地方の一士族でありながら、驚く程に開明な木村家の家風がよく表れている。

高等教育に占める女子の割合がようやく〇・一パーセントと数字になるのは明治三十八（一九〇五）年まで待たなければならない。

東京移住後、鈴は子育てをしながら、女子美術学校でも教鞭をとり、帝国女子医専の舎監も務めた。女性教育者のはしりの一人だった。一声の友人は「さすがは明治の教育家にふさわしい、優しさのなかに厳しさを備え、重厚味のある立派な婦人」と評していた。

あの時代に単身遊学するほど向学心が高い鈴は当然のように教育熱心な母親になり、木村は静岡師範学校附属小学校に入学した。

現在の静岡大学教育学部附属静岡小学校（静岡市葵区）で、明治九（一八七六）年に開校。駿府城内の内堀沿いに校舎があり、さすがに地域の名門校を感じさせる立地である。卒業生には女優の原田夏希や俳優の板倉光隆がいる。

師範学校附属小学校は地元の名士の子弟が多く、ほかの尋常小学校からは「坊ちゃん学校」と呼ばれ、勉強はできるが、スポーツやケンカはからっきしというのが通り相場だ。「勉強は記憶にないが、柔道が強かった」と友人が口をそろえる木村にはそんな線が細いイメージはない。

木村は小中学校を静岡で過ごしたが、上京後、鈴は一声ら弟を九段の精華学校初等科に転校させている。

精華学校は明治三十八（一九〇五）年、東宮御用掛など皇室の教育係を務めた湯本武比古と寺田勇吉が創立した。道徳や芸術、体育などの情操教育まで考慮した日本一の模範学校と言われ、多くの名門小学校のモデルになった。

附属小がいくら静岡の名門校とはいえ、東京とは教育水準に差があり、一声は「みんなに追いついていくのが大変だった。母の期待に応えようとして勉強して、ようやく成績がクラスでも上の方になった」と当時を振り返っている。

旧制静岡中

明治三十八（一九〇五）年、木村は県立静岡中学校に進学した。

静岡中は明治十一（一八七八）年に静岡師範学校の中学課として開校、静岡尋常中、静岡中、静岡第一高、静岡城内高と改名、昭和二十八（一九五三）年に現在の静岡高校となった。

現在でも文武両道の進学校で、卒業生三万人。実践目標は「勉強を本分とする」「人に迷惑をかけない」「自主的に行動する」「勤労を愛する」の四つ。どれも勉学を目指す青年の根幹を成すもので、至極当然の言葉のように思えるが、それを目標に掲げることがいかにも旧制中学校らしいところだ。

正門横に「印高《こうこう》」の石碑がある。昭和五（一九三〇）年、天皇陛下行幸の際に同行した一《いち》木喜徳郎《きとくろう》宮内大臣が校訓を象徴して揮毫《きごう》した。感受性ほとばしる十代初めの男の子にとって、陛下ご臨席の天覧授業や天覧水泳は生涯の思い出になった。同窓会会報では、卒業生が老年に達したいまでも、興奮を持って語り継がれている。

——席が教壇のすぐ前だったので、入口近くのお立ち台の陛下との距離が二メートルしかなく、軍服姿の陛下を間近に拝することができた。陛下は色白く真に雅やかなお姿だった。講義は山部赤人の「田子の浦ゆ」の歌で、先生が熱弁のあまり、黒板に掛けてあった富士の軸を指すため教壇に上ったとき、陛下と同じ高さに立ったためハラハラした。終始一貫、緊張そのものでした——

——前夜は私達学年生徒が明日の来臨に備えて終夜交代にて帯剣を着用して巡回、校内外を徹夜にて警戒についたこと、今でもつい最近のごとき強い印象がありました——

木村が学んだ旧制静岡中学の流れをくむ静岡高校。正門横に印高の碑がある。

——浜一中、中農、見付中学、静中の水泳部の代表選手が静中プールに集まり、リレー方式で天覧水泳を行い、私は陛下に最も近い第二コースを泳がせてもらった——

行幸後、昭和天皇がお歩きになった廊下やお立ち台の板は表札用に各生徒に配布された。終戦後の昭和二十一（一九四六）年にも天覧授業が行われた。

野球強豪校でもあった。大正十五（昭和元、一九二六）年には夏の甲子園で優勝を果たした。テレビもラジオもない時代、呉服町の朝日新聞静岡支局の張り出し速報に人々が群がった。延長十九回を戦った前橋中との対戦では、イニングスコアの張り出しは隣の織平呉服店のショーウインドウにまで進出した。決勝戦では満州代表の大連商業を二対一で破った。優勝決定時には朝日新聞の航空機が号外をまく熱狂ぶりだった。

木村が入学する四年前、校舎は安倍郡安東村に移転、全県からの入学者に備え、寄宿舎も新築した。入学志願者も増加、受験競争率は一・二倍だった。生徒数は約五百三十人で、士族出身の生徒が十八パーセントを占めていた。

このころ、「大修学旅行」を決行、二週間かけ、赤穂浪士の墓がある東京・高輪の泉岳寺や日光東照宮、磐梯山《ばんだいさん》など一府九県を巡った。このなかに足尾鉱毒事件が問題になっていた足尾銅山が含まれているのが目を引く。物見遊山だけでなく、社会問題を身近にとらえようとする意識の高さを示している。

柔道二段

入学後、木村は柔術部に入部した。二年生のときに柔道部に名を改めたが、静中きっての猛練習で知られ、講道館出身の猛者《もさ》が生徒を鍛え上げた。武士の心得として必修科目だった柔道の授業では音《ね》を上げる生徒も多く、在学中の一番の思い出に柔道の授業を上げる卒業生も多い。

木村が入学した直後の校友会雑誌第九号会報には、弓術部の大会で「第七等賞　木村昌福」と書かれている。師範校との対外試合でも六十数人参加して、七位に入っている。

さらに、七月三十日から八月二十日の間、江尻で水泳合宿（卒業生含め百三十人参加）を実施した際の世話人として名があり、皆勤賞をもらっている。三年生になると、助手を務め、下級生を水泳指導している。合宿の最後は江尻から三保までの遠泳が行われ、約百人が参加し、十数人が脱落する厳しいものだった。

木村は柔術部と弓術部、夏には全校生徒参加の水泳合宿を仕切る水泳部を掛け持ちし、各大会に出場。運動が得意だったことがうかがえる。

生徒は弊衣破帽で、街中を漢詩を朗吟しながら闊歩し、下級生が敬礼をしなかったという理由だけで、ビンタ（鬢打）を食らわしたといういかにも旧制中学らしい一面もあった。

髪の生え際を平手や拳でたたくビンタは、現在の厳しい体罰のイメージではなく、当時、一番簡単で軽い体罰として、軍隊や学校、家庭で日常的に行われた。戦時中、日本軍は捕虜や現地人にも行い、日本人には「軽い体罰」のつもりが、諸外国からは暴行や虐待としてとらえられ、戦後になって多くの戦争犯罪人を出した。

入学前年の明治三十七（一九〇四）年、日露戦争が始まった。世の中全体が軍事的色合いが濃くなり、静中でも卒業生の出征、帰還の式典が行われ、学校生活のなかでも兵式体操、発火演習などが取り入れられた。

学校の内外ともに軍事一色のなか、木村は中学校時代を過ごした。第二十四期の同期生、津川哲三が昭和四十（一九六五）年十一月発行の同窓会会報で語っている。

――木村はいわゆる秀才タイプではなく、クソ勉などはしなかった。あるとき、国語の時間にいたずらして、それが彼の仕業とははっきりしていたのに知らない、やらないでがんばり通したことがあった。一つの風格を持っていた――

いたずらをしたのに「やらない」と「風格」とは相矛盾するように思えるが、六十年以上経った後でも、知己の友が鮮明に記憶していることから考えると、友人をかばうとか、約束を守るなど俠気《おとこぎ》に感じる何か理由があったに違いない。

――柔道が二段でめっぽう強かったことを除けば、特に勉強するわけでもなく、平均的な生徒だった。若さ発散のために駿府城の外濠にふんどしひとつで飛び込んでみせる茶目っ気も持ち合わせていたが、普段はのんびり構え、落ち着き払っていた――

クラスメートだった八木寿太郎の印象だ。ここでも物事にあくせくしない、いい意味の「お坊ちゃん体質」が垣間見える。

明治四十（一九〇七）年五月十七日に開催された弁論大会出場の記録がある。「重要なる青年時代」「尚武の気象」「元気の必要」「須《すべから》く時勢に通暁せよ」など、青春時代の弁論大会らしい気負ったタイトルの中に、「忍耐」（三丙　木村昌福）とある。「風格があった」「落ち着き払っていた」という印象と一致し、「忍耐」は淡々とした中でも粘り強く生きる木村の人生を感じることができる。

木村が入学した翌月の五月、日露戦争の勝利を決定づける日本海海戦の勝利で日本中が沸き返った。

日本海海戦は五月二十七日から二十八日にかけ、東郷平八郎司令長官率いる連合艦隊が、ロシアのバルチック艦隊を対馬沖で迎撃した。東郷は敵戦艦に対して平行にすれ違う常識外れの丁字戦法を採用し、戦艦八隻など三十八隻に損害を与え、ロシア海軍は壊滅、ポーツマス講和会議への道を開いた。

旗艦「三笠《みかさ》」には「皇国ノ興廃此ノ一戦ニアリ各員一層奮励努力セヨ」という意味のZ旗が掲げられ、東郷は秋山真之参謀と検討の結果、ロシア艦隊の進路を塞ぐように、敵戦艦に対して平行にすれ違う常識外れの丁字戦法を採用し、日本軍の損害は水雷艇三隻だけと海戦史上まれにみる一方的勝利を収めた。

アジアの後進国が欧州の大国の艦隊を破り、世界を驚かせた海戦を記念し、五月二十七日は海軍記念日に制定された。

――連合艦隊、露バルチック艦隊に壊滅的打撃――

日本海海戦圧勝を伝える新聞の号外が全国で配られた。木村も号外を手に、大国の仲間入りを目指す日本と雄飛する海軍の将来に、自らの将来を幾重にも重ね合わせ、胸躍らせながら友人と語り合っただろう。

死傷者十一万八千人を出したが、この年の九月、勝利する形で日露戦争が終わった。

明治四十三（一九一〇）年三月二十八日卒業。県知事の祝辞、生徒総代の送辞の後、卒業生総代である加藤毅の答辞が読まれた。

我が帝国は千古未曾有の大戦を経て国運頗《すこぶ》るに隆昌を加え…高等の学術を研究せんとするものあり、あるいは軍務に従いて国家の干城《かんじょう》たらんことを期する者あり、あるいは責務に従いて国家の繁盛を謀らんとする者ありて、その向うところは国家を泰山の安きにおき、社会の福利を増進せんとする

日本の置かれている背景を踏まえ、研究者、軍人、役人と希望はそれぞれだが、目的は国家安泰である。戦時色が強い時代としては当たり前かもしれないが、当時のエリートが持っていた日本を支えるという気概にあふれている。

木村は「干城」(国家を守る武人)の道を選び、卒業後の進路を海軍兵学校に絞った。日露戦争の勝利で日本の国防意識がさらに高まったことや、日本海海戦の勝利で海軍の評価が上がったことなども背景にあるだろうが、むしろ木村は個人的事情の方が優先した。

養子に行った木村家の当主だったが、木村が生前、「吉岡のおじいさん」と呼び、親代わりだった吉岡豊三郎の子である吉岡保貞《やすさだ》が機関や整備技術を中心に教育研究する海軍機関学校第十一期生(海兵三十期に相当)で、血気盛んな若き将校だった。吉岡は後に中将まで昇進、退官後、川崎造船の社長を務め、木村は「吉岡のにいさん」と呼び、慕っていた。年子の兄である憲治がすでに海兵に進学していたことも大きな理由だった。

憲治も同じだが、父親の弁護士稼業がうまくいかず、家計を圧迫していた金銭的事情もあった。海軍兵学校や陸軍士官学校は官費で、学費の心配をせずに勉学できたのも魅力だった。しかし、当時の兵学校は旧制第一高等学校（現・東京大学教養学部）以上の超エリート校だ。戦局が拡大され、定員を増加した昭和初めまでは、合格者わずか三百人の最難関校だった。

受験資格は年齢十六歳から十九歳の犯罪歴がない独身で、中学校第四学年修了程度の学力を有する者とある。さらに、受験資格がない者として、「品行不正または将来海軍高等武官たるの体面を保つこと能《あた》はじと認むる者」という項目がある。

まず身体検査があり、①身長五尺（約百五十二センチ）以上②体重十二貫（四十五キロ）以上③胸囲二尺五寸三分（約七十七センチ）以上④肺活量二千八百CC以上⑤視力各一・〇以上⑤色覚検査などをクリアしなければならない。その後、運動機能検査が行われ、合格者が学術試験に進み、五日間連続で試験が行われる

初日から代数（数学）▽英語（和訳）と歴史（日本史、世界史）▽幾何（平面）と物理▽化学と国語、漢文▽英語（英作文、文法）と地理（日本、世界）の順で行われる。

試験の都度、採点結果が発表され、合格者だけが翌日の試験に進むという厳しさで、学術試験合格の後、面接試験が行われ、最終合格者になる。

兵学校を受験すると周囲の期待を背負い、胸を張って故郷を出たが、途中で試験が打ち切りになり、予定よりも早く故郷への汽車に乗る学生服の後ろ姿。想像するだけで、なんとも

切なる光景である。この厳しさがあるからこそ、日本中の旧制中学の生徒の憧れだったといえる。

明治四十三（一九一〇）年は定員百二十人に対し、受験者三千人以上と競争率二十五倍以上。全国から文武両道の男の中の男と自負する若者が競い合い、柔道二段の静岡の木村もその一人だった。

木村はすでに三月に静岡中学校を卒業し、母や弟が移り住んでいた東京で、合格通知を待ちわびていたとみられる。九月八日付けの吉岡豊三郎から母、鈴に宛てた手紙が残っており、住所は「東京市麴町区飯田町四ノ九」である。そのころ、父、壮吉は朝鮮に渡っていた。

木村の元に届いた合格通知には「兵学校採用予定」と書かれていた。万事、悠長な木村よりも、孟母三遷のごとく、教育こそが子どもたちの将来を支えると思っていた母、鈴の喜びはいかばかりか。一年前に兵学校に進んでいた兄、憲治も胸をなで下ろしただろう。

二十五倍以上の最難関を突破したのである。木村の同期百十八人の卒業生名簿を見渡しても、静岡出身は、ほかには大杉守一と西尾季彦しかいない。

静岡中の友人たちがこぞって語る「勉強はそこそこ」という印象はどういうことだろうか。事実、校友会雑誌第十三号に残っている静岡中学卒業時の席次は八十人中三十九位で、幾何が九十点以外はどの教科も六十点前後で、まさに中程、「そこそこ」である。

普段、凡庸に見え、実際に定期試験などはパッとしないが、いざ本番には異常な胆力を発揮するタイプとしか考えられない。以後、さまざまなシーンで同じような感想を持つことになる。

海軍兵学校

横須賀、佐世保と並ぶ海軍の街である呉《くれ》から音戸《おんど》大橋、早瀬大橋を渡り、車で一時間の広島県江田島《えたじま》市。街を歩く若者の後ろ姿が心なしか背筋が伸びているような気がする。

海軍兵学校跡は昭和三十一（一九五六）年に米軍から返還され、残っていた校舎がそのまま海上自衛隊幹部候補生学校と第一術科学校となった。年間で候補生学校六百人、第一術科学校五百五十人が学び、全国の海自に配属されている。江田島は現在も海上自衛隊の島である。

訪れたのは日曜日の夕方。大きな荷物を抱えている多くの若者がいた。週末の休暇を終え、学校に戻る途中だ。「またあそこに戻るのか」。いまでも規律と訓練が厳しい学校であることには変わりはない。休暇明けの憂鬱な顔で学校への坂道を上っていた。

生徒の顔とは裏腹に校内は空と海に続いていると思うほど明るく広々としている。校内に入るとすぐに大講堂があり、海に向かって煉瓦作りの校舎が伸びやかに広がっている。外国の大学のような雰囲気だ。昭和二十（一九四五）年の敗戦までの約六十年間、この江田島を巣立った若者が海軍を牽引した。

明治四十三（一九一〇）年九月十二日、木村昌福は四十一期生として、海軍兵学校に入校した。

兵学校は明治二（一八六九）年に東京・築地で創設された海軍操練所が始まりで、翌年に海軍兵学寮となり、明治九（一八七六）年に海軍兵学校と改称された。

明治十九（一八八六）年に兵学校次長になった伊地知《いじち》弘一中佐は「僻地に移転するの理由」という論文を提出、英国留学の経験から、生徒と教官は世の中から遠ざけ心身ともに勉学に励み、海軍思想をたたき込むため、東京という大都会から離れることを強く訴えた。その結果、江田島が移転先に選ばれた。軍艦が停泊できる入り江があり、文明と隔絶された環境で、気候温暖な地というのが選定理由だった。

明治二十一（一八八八）年、築地から江田島に移転。以後、「江田島」は海軍兵学校の代名詞となった。

移転に際し、海軍と江田島の地元有力者が取り決めを文書で交わしている。「純朴な風俗を維持して、近来各地に流行する猥芸醜行に陥る」ことがないように、芸妓や娼妓またはこれと紛らわしき婦女子を島内に置かないこと、島外の者が前述の目的で土地や屋敷の買い入れや借り入れを申し込んでも応じないことなどだった。

海軍と江田島の地元挙げての純粋培養である。隔絶された島での統一的な集団生活は画一的な海軍士官の養成には有効だった半面、戦略的見地に欠けた官僚主義的な士官を生産したともいえる。一介の下級兵士ならば、世界情勢や日本の政治、経済は必要ないが、常に動いている世界を知らずして、大海戦を指揮できるだろうか。東京にほど近く、海軍の拠点港だ

△広島県江田島市に現存している海軍兵学校生徒館。
▽海軍兵学校大講堂。現在は一般にも公開されている。

った神奈川・横須賀辺りが適地だったのではないだろうか。現在、防衛大学校は横須賀の高台にある。

しかし、兵学校と同様、陸軍の幹部養成機関である陸軍士官学校（陸士）は最後まで僻地を選ばなかったが、海軍以上に閉鎖的なエリート意識むき出しの集団と批判されたことを考えると、学校の立地よりも、教育内容と卒業後の人事構成の方がはるかに重要であることがわかる。

陸士は明治七（一八七四）年の開校以来、東京・市ケ谷にあったが、昭和十二（一九三七）年、神奈川・座間に移転、「相武台」と呼ばれた。

明治四十三年九月の入校式の一週間前、木村は最後の身体検査のため、江田島に入った。結核などの病気が発覚し、泣く泣く故郷に帰った者もいたため、身体検査に合格して、初めて「海軍兵学校生徒を命ずる」ということとなる。

この年は大阪と高知が伝染病流行地に指定されたため、この地域出身の合格者はさらに一週間早く、江田島に入り、隔離病棟に入院、精密な検査を受けた。

入校した木村が最初に目をむいたのが、正面玄関に菊花のご紋章が輝く赤煉瓦造りの生徒館だっただろう。

東京駅駅舎と同じように英国から一枚一枚、紙に包んで運ばれた煉瓦を積み重ね、明治二十六（一八九三）年に完成した。一階中央に生徒応接室、診察所、信号兵詰め所、温習（自

△木村の思い出を語る星野清三郎。▽丸刈りになり、官給品で身を固めた入学直後の海軍兵学校生徒。星野清三郎は３列目左から２番目。昭和８年。

習）室、二階中央に生徒を監督する監事部、両側に生徒寝室、講堂。別館には食堂や浴室、喫煙所があった。学校の中心に生徒館があり、明治十六（一八八三）年、江田島移転前に築地に完成した生徒館が東京で初めての赤煉瓦造りの洋館で、隣接する海軍省の庁舎が物置に見えたといわれ、生徒中心の海兵の意識の現れである。米国の海軍兵学校《アナポリス》も同じように生徒館中心に作られている。

後に木村の部下となる星野清三郎（九四）＝川崎市麻生区＝も昭和七（一九三二）年入学の六十三期で、江田島で学んだ。木村よりも二十年以上も後だが、学校や島の雰囲気に変わりはない。星野は思い起こすように語った。

「島の人たちは淡々としていましたが、『生徒さん』と呼ぶ声には混じりっ気のない温かさを感じました。島全体も『生徒さん』が中心になっていたような気がしましたね」

築地の生徒館は後に海軍大学校の校舎になった。明治天皇が皇居から海軍兵学校に通学のため、行幸された道が「みゆき（御幸）通り」だ。御幸は行幸《ぎょうこう》と同じで、天皇や皇后の外出を意味する。現在は海外ブランドショップがひしめき、女性が闊歩する銀座随一の高級ストリートに変わっている。

三号生徒

「それはもう全国からいろんな連中が集まってきますからね。服装だって洋服もあれば、羽織袴もあるし、靴も下駄もいる。方言丸出しでしゃべられたら、意味はわからないですよ。年齢にも幅があって、おっさんみたいなのもいましたよ」

烏合《うごう》の衆みたいなものだったと星野は述懐する。しかし、丸坊主にし、立って首までつかる海兵独特の風呂に入り、海兵の制服を着ると、一変。どこから見ても娑婆《しゃば》っ気が抜けた「三号生徒」（最下級生）になる。兵学校は当時、三年で卒業となり、下級生から三号生徒、二号生徒、一号生徒と呼ばれていた。

授業は教官が行うが、それ以外はすべて生徒の自主管理で、各学年十人前後の十二個分隊に編成される。

入校日当日、各分隊の一号生徒の伍長《リーダー》から、上級生に対しては貴方《あなた》と私《わたくし》、同僚間は俺《おれ》と貴《き》様《さま》と言えなど、洗面方法や靴の磨き方、トイレのノックの仕方、小便の仕方まで教えられる。上級生の親切さに、軍隊の恐ろしさを聞かされていたピッカピッカの三号生徒は拍子抜けした。

こんな、のんびりムードも教育準備期間の二週間だけだった。「三号生徒総員集合」の号令がかかった。生徒館東側の小高い丘に新入生徒が整列。

「いまにして、なお教えられたことが実行されないならば、今後は腕を持って教える」

一号生徒の鉄拳制裁が高らかに宣告された。さらに丁寧にも、殴られ方の教授もあった。

「殴られた後は直ちに敬礼をする。拳で教えてくれた上級生への礼である。それに対し、殴った上級生も答礼をする」

鉄拳制裁が宣告された丘は、昭和三（一九二八）年に天照大御神《あまてらすおおみかみ》をまつった「八方園《はっぽうえん》神社」が設置された。樹木がうっそうとした丘は下級生制裁の場として使用され、校内で三号生徒がもっとも近寄りたくない場所だった。

殴られることにさしたる理由がないことも多く、星野もさんざん殴られた。

「五指の開きたるは一拳に如かずとかいって制裁を加える上級生もいて、妙なこじつけだなと理不尽な思いはありましたよ」

その憤懣《ふんまん》たる思いを土曜日午後の大掃除の後に行われる「棒倒し」に注ぎ込んだ。奇数分隊と偶数分隊に分かれ、学年の上下の区別なく、三号生徒でも公然と神様のような一号生徒を殴ることができた。

「日頃のうっぷんを晴らすところもありますので、思う存分にやります。でも、私憤を交えないから、後はさっぱりしたものです」

棒倒しで敵味方に分かれる分隊の下級生に個人的理由で制裁を加えると、この場で報復がある場合もあり、そのことも考慮しながら、殴らなければならなかった。

棒倒しの後は風呂に駆け込み、夕食までは「酒保許可」である。別に風呂上がりに酒を酌み交わすことではなく、「酒保」は中国語で酒を売る人が語源で、軍隊内にある兵士専用のうどんやあんパン、サイダー、ラムネなどの飲食物や歯磨き粉や封筒便せん、鉛筆などの日用品を売っている売店兼休憩所だ。軍内務令規定では「質素にして品質良好、安価なる日用品、飲食物を販売する」とある。現代のコンビニに相当する。兵学校跡の自衛隊幹部候補生学校にもコンビニ「ポプラ」があった。

部隊や曜日によってはビールなどのアルコール類も販売するが、三号生徒はまだ十六歳くらい。教官の「酒保開け」の命令で、いっせいに甘いパンや果物を食べながら、みんなでばかを言い合う。これで一週間の終わりだ。

入校してちょうど三カ月、年末年始の冬休みがあり、三号生徒に初めての帰省が許される。木村も静岡から東京に移住していた実家に帰省した。だれもが、官費で旅費日当をもらい、短剣を下げた純白の軍服姿で意気揚々と汽車に乗る。郷土の誇りと村を挙げて歓迎会をするところもあり、故郷に錦を飾るとはこのことだ。

わずか三カ月だが、木村のはきはきと軍人らしくなった姿に、女手ひとつで育てた母鈴も「こんなに立派になって」と頼もしく思い、目頭を熱くしただろう。兄の憲治と木村二人の軍服姿に小学生だった弟の一声も「ぼくもにいちゃんたちみたいに、海軍兵学校に行きたい」と強く思ったに違いない。実際、一声も兄たちの後を追い、兵学校に入校した。

「冬休みはすぐに終わった感じで、また帰るかと思うと気が重かったね。特に三号生徒のときはなおさらですね」

星野と同様に三号生徒の江田島に向かう足取りは重い。旅装を解く間もなく、帰校後すぐに「総員集合」の号令がかかった。

「休暇後の貴様たちはたるんでいる。引き締めてやる」。三号生徒は全員、一号生徒に殴られた。たるんでいたつもりはないが、再び、娑婆っ気が吹き飛んだ。

こんな兵学校時代も木村は変わらなかった。同期生はだれも「木村」とは呼ばず、「昌福」の音読みの「ショーフク」と呼んだ。

「柔道が一番強かったのではないでしょうか。お達し（説教）などは好きじゃなく、下級生から恐れられるような人じゃなかったですね。みんなに人気がありましたよ」

木村が六分隊の一号生徒のときの二号生徒だった大西新蔵（四十二期）の話だ。木村の性分から判断して、必要な場面では拳も挙げるだろうが、鉄拳制裁を好むとは思えない。

大西は一期下でありながら、こう語っている。

「生前は木村、木村とクラスメートのようにしていましたね。普通、改まらなくてはならないところですがね。もちろん兵学校のときは違いますよ。一号と二号ですからね。とにかく彼はどんな人間でも収容できる人間だったと思うんだよ。概括すれば、寛容な人でね。だから木村を嫌う人はいなかったんじゃないんですか」

四十一期

木村が入校した明治四十三年時の校長は吉松茂太郎（海兵七期、後に大将）だった。

「無口の人であまり校長訓辞などを聞いた記憶がないが、なんとなく親しみやすい感じを抱いていた」

当時の生徒の感想である。後に吉松は第一艦隊司令官だった際、演習で主席審判官だった加藤友三郎（海兵七期、後に首相）から、鋭い口調で「この状況において貴官の敵情判断はいかに」と問われた。これに対し、吉松は「敵情に関しては、さらにわからず」と平然と答え、周囲の部下が呆然と立ち尽くした。吉松と加藤は兵学校の同期で、当時の位は同じ大将とはいえ、「なんとも偉い人だった」と側近が書き残している。

木村が初めての休暇を終え、江田島に戻ってきたら、校長以下の人事異動が行われた後だった。

校長は山下源太郎（海兵十期、後に大将）。歴代校長は大講堂の設置を海軍省に要請していた。日清戦争の戦利戦艦「鎮遠《ちんえん》」の払い下げ金十五万円が入り、大講堂建設に充てることになった。喜んでもらえると江田島を訪れ、建設計画を説明する海軍次官に対し、十五万円では木造講堂しか無理だと聞くと、山下は顔色を変えた。

「それなら、返上する。生徒の精神教育を行う場としての大講堂だから、兵学校ある限り続くように、永久建築ができるようになるまで待つ」

そう言い放ち、次官を追い返した。

大講堂は「鎮遠」「八重山《やえやま》」「赤城《あかぎ》」の払い下げ金を財源として、山下が校長時代の明治四十五（一九一二）年に建設が承認され、大正二（一九一三）年に完成した。山下の希望通り、国会議事堂と同じ広島の倉橋島の花崗岩を使用し、煉瓦造りの生徒館にひけを取らないものになった。

大講堂の内部はドーム型で舵をかたどったシャンデリアが下がり、学校の講堂とは思えない豪華さだ。一等国を目指した日本の海軍に対する期待のほどを表している。

校長のほかは教頭兼幹事は加藤寛治《ひろはる》（大佐、海兵十八期、後に大将）、生徒隊監事は兼坂《かねさか》隆《たかし》（海兵二十七期、後に中将）だった。

英国留学を終えたばかりの加藤は徹底的なスパルタ教育を実施。それまで日曜日は朝から外出許可が下りていたが、加藤は分隊点検など行事を盛り込み、外出も午後からになった。

兼坂は加藤を上回るスパルタぶりで、生徒は「兼坂隆」を「ケンバンリュウ」と恐竜のようなあだ名で呼び、恐れていた。明治三十二（一九〇四）年卒業の兼坂の二十七期百十三人は日露戦争で十四人の戦死者を出し、うち四人が旅順閉塞決死隊の閉塞船の指揮官などを務めた。

旅順閉塞決死隊は、とば口が狭い旅順港に老朽船を沈め、港口を塞ぐ作戦で、最初の「特攻隊」と言われている。敵艦隊と要塞の目前まで船を操縦し、ボートに乗り替えるという生死を懸けた作戦にもかかわらず、五十六人の募集に対し、二千人の兵士が応募した。百人近い犠牲者を出したが、成果が上がらず、三回で中止された。決死隊に参加し、砲弾の直撃を受けて四散した広瀬武夫少佐は「軍神」の第一号になった。

当時、日本は造船技術など戦備が英米に追いつかず、劣勢を補うために生徒教育に力を入れ、教官にも日露戦争の実戦組が多かったため、自然と鉄拳制裁も日常的なスパルタ式になっていった。

そんな厳しい雰囲気のなかで、木村ら四十一期は三年間を過ごした。

――うちのクラス（同期）は、他のクラスに比べてあまり利口なのがいませんでした。鈍骨が多かったですが、山下校長の人格教育や加藤幹事の指導でクラスの団結など非常にやかましく言われ、鍛えられたので、次第に伸びましたね。後から伸びたクラスです。初めは一番まずいクラスだと言われましたがね――

保科善四郎（後に衆議院議員）の言葉である。その典型が木村だという。

――コセコセせず、志士の風格を持ったクラスメートでしたね。四十一期だからこそ、彼のような人が出てきたのです――

あるとき、同期生を制裁するという事件が起きた。そのとき、木村と草鹿龍之介（後に中将）の二人が机の上にあぐらをかき、「制裁するなら、まず俺たちをやってからにしろ」と止めた。この事件は草鹿が後年、語っているが、同期生でその事件のことを覚えている者はいなかった。だが、同期生は「木村ならやりそうなことだ」と話し、同期生に制裁するということが、木村にはなじまなかったという。

海軍兵学校といえば、「貴様とおれとは」の軍歌『同期の桜』があまりにも有名だが、兵学校では「同期」を「クラス」、「同期生」を「クラスメート」と呼んだ。このあたりも、ハイカラを好んだ海軍らしいところだ。

大正五（一九一六）年十一月二十六日、同期の田口威雄《たけお》（中尉）が「金剛」の艦内で転倒し、頭蓋骨骨折のため、横須賀海軍病院で死亡した。同期初めての死だった。同期は田口の死を悼み、大正八（一九一九）年、江田島の教法寺に四十一期の「留魂碑」を建立した。

我々は生は時と所を異にするも、ともに志を同じくして、江田島に集まり、死生を誓い生涯同じ道を進む者、死後は魂の故里、江田島に集まらん

議決文にはこう書かれ、同期の結束の固さを象徴している。碑は現在、海上自衛隊第一術科学校が保管している。

明治四十五（一九一二）年七月十七日、一期上の四十期が卒業。「もう殴られなくてもすむ」。待ちに待った一号生徒となる木村は伸び伸びと東京で夏期休暇を過ごしていた。

――喪章をつけて直ちに帰校すべし

木村の元に電報が届いた。七月三十日、明治天皇崩御の報が全国を駆け巡った。兵学校では八月一日午前八時から先帝陛下奉弔式が行われた。年号が変わり、大正元年九月九日、「満州」に乗艦、江田島を出港、十二日に横浜入港。正装に着替え、東京・赤坂見附で整列したまま夜を明かし、十三日の大喪の礼に参列した。午後八時、御霊柩が皇居を出発する号砲を聞き、乃木希典《のぎまれすけ》夫妻が自刃殉死した。

――万感、胸に迫る思いがした――

木村の同期、草鹿龍之介は書いているが、木村も同じ思いだっただろう。純粋無垢なまま、海軍将校として英才教育を受けていた十代半ばで、時代が大きく変わる場面に遭遇した。意気軒昂で多感な時期だけに、その後の人生に与える影響も大きかった。

大喪の礼に参列した一号生徒と二号生徒は真珠湾攻撃の昭和十六（一九四一）年には分別盛りの五十歳前後で、海軍の中枢を成していた。だが、時代に抗えず、そのまま奔流に飲み込まれた。

ハンモックナンバー

三年三カ月を過ごした江田島での生活も終わろうとしている。木村の元には卒業後の品物が届いた。桜と錨《いかり》の帽章が付いた将校の帽子。深いゴムの靴。海軍マント。軍服や礼装も袖章が付けられ、少尉候補生の装いである。三枚の毛布も届けられた。夜寝る前に衣装箱を開け、「いよいよ、おれも少尉候補生か」とだれもがにやける瞬間でもある。

兵学校卒業後、少尉候補生を任ぜられ、練習航海など約一年間の実地訓練を受けた後、少尉を任官するのが通常だった。

大正二（一九一三）年十二月十九日、卒業式。式の後、練習航海で乗船する「浅間《あさま》」「吾妻《あづま》」も停泊している。両艦とも日露戦争で活躍した一等巡洋艦だ。御名代として伏見宮博恭《ふしみのみやひろやす》王《おう》殿下がご臨席され、「砲声殷々《いんいん》として湾内に轟く」と記念写真帖に書かれているように皇礼砲が鳴り響くなか、式が始まる。

「小西干比古《こにしたけひこ》」

成績順に卒業生の名前が呼び上げられる。次々と名が呼ばれるが、木村の名はなかなか出てこない。出席していた母、鈴もやきもきしただろう。

「木村昌福」

木村の名は百七番目に呼ばれた。百十八人中百七番だったことになる。全員の卒業証書が総代の小西に手渡された。さらに成績優秀者には恩賜の短剣も授与され、卒業式が終了する。

静岡中学の資料からも感じたことだが、現代に生きるわれわれの感覚からは想像もできないほど、学生の結果である「成績」に対し、厳格である。静岡中学の卒業写真でも成績上位者から前列に並び、総代は最前列右側の一番いいところに座って写っている。当然、木村は後方だった。

それでも、旧制中学校の成績は進学先や就職先でいくらでも挽回もできるし、卒業時の成績が一生つきまとうこともないが、海軍兵学校の成績はまったく別物である。席次が一生を左右する。

兵学校の卒業席次は「ハンモックナンバー」と呼ばれ、配属や昇進の基になる。海軍創設当時、薩摩藩出身者による「薩摩閥」が幅を利かせていた。この藩閥を解消するため、卒業席次に基づく序列制度が採用された。地縁による情実人事ではなく、だれでも努力次第で獲得できる「ハンモックナンバー」の方が海軍らしい合理的な考え方ではある。

同じように長州閥だった陸軍の場合、陸軍士官学校の卒業席次は公表されなかった。それよりも、卒業後の陸軍大学校に進学できるかどうかで一生が変わった。上位一割が陸大に進学でき、「天保銭組」と呼ばれ、出世が約束された。

しかし、「ハンモックナンバー」は単純明快だが、兵学校の士官教育は「艦を誤りなく操縦する」という点に重点が置かれ、試験も教室で教わったことと同じことを書けばいいだけで、独自性や創造性などは必要としていなかった。品行や実習なども少しは考慮されたが、試験の点数が最重視された。

百二十五人中六十八番で大将になった米内光政《よないみつまさ》（海兵二十九期）ら例外はあるが、木村は卒業の時点で、将来、海軍大将や連合艦隊司令官などの要職に就く可能性はほとんどゼロになったことになる。ペーパー試験の優劣と海軍将校としての能力はまったく相容れないことはわかりきったことであり、「ハンモックナンバー」は海軍人事の硬直化も招いた。

藩閥を打破するために採用した人事制度だが、薩摩閥が解消されたある時点で、改善されなければならなかった。それが改善されずに敗戦を迎えたことが、この人事制度自体を表している。

戦後、日本の将校は米軍将校と比較して、情報収集能力や創造力が劣っていたと指摘されたが、この硬直した人事制度に負うところも大きかった。「百七番」。番号で呼ばれる囚人のように、否応なく木村の海軍人生に付いて回る数字である。

仮想敵国上陸

卒業式の後、生徒は生徒館に戻り、兵学校の生徒から少尉候補生に変わる。木村も士官帽に金モールの袖章の付いた礼服、短剣、白手袋の晴れ姿だった。来賓や父兄、学校職員との会食の後、いよいよ練習艦隊に乗船する。木村は「浅間」に乗船を命じられた。

百十八名の候補生は隊列を組んで、表桟橋を進む。若き士官の出陣である。父母、教官、在校生が見守る中、左手には卒業証書、右手には白手袋で挙手のまま、まっすぐに用意された二隻の汽船に乗り込んだ。

出港した汽船はしばらく海岸線を進み、見送りの人々に挙手をして、別れを告げる。

「帽振れ」

最後のあいさつ。見送る方も、送られる方も、感極まる瞬間だ。昭和十六（一九四一）年当時、兵学校の校長を務めていた草鹿《くさか》任一《じんいち》（三十七期）の候補生を見送った十一月十五日の日記がある。

感慨に涙流して巣立ち行く
若人送るその心持ち
得も知れぬ物寂しさを覚へけり
奇しきは人の去りしあと哉

木村を乗せた汽船は向きを変え、「浅間」に向かった。いよいよ乗船。舷門番兵が右手で銃を体の中央に持ち、左手で下の部分を握り、両肘を体に付けた。将校以上の上官に対する敬礼「捧げ銃《つつ》」だ。「生徒ではない。候補生か」と気分が高揚したまま答礼する。そして、当直将校に敬礼。これで初めて少尉候補生になった。だが、感慨に浸るのもこれで終わりだった。

乗船直後から指導官の怒声を浴びながらの訓練と日課が始まる。

「早くしろ」「遅い」「確認はしたのか」

講義の合間に航海、整備、補給、事務の日常業務がある。初めての艦内作業に戸惑い、うろうろするばかりの候補生。陸に上がれば石炭搭載の後、行軍訓練、実射訓練、陸戦準備訓練。海上でも魚雷発射訓練、掃海訓練。訓練、訓練、また訓練だ。三年前の兵学校三号生徒に舞い戻った気分である。

「海軍で一番偉いのは大将と一号生徒」

「士官、下士官、兵、牛馬、候補生」

「浅間」「吾妻」に分乗した百十八人全員が、この二つの言葉を身にしみて感じる。

練習航海は鹿児島―佐世保を回り、大正三（一九一四）年一月十三日に初の外国であるト海・呉淞《ごしょう》に入港した。その後、日露戦争の激戦地の旅順、大連、朝鮮・仁川などを経て、二月二十六日に横須賀に入港した。木村も候補生になり、「浅間」に乗船して四カ月。ようやく日常業務を覚え、どうにか船乗りとして格好がつくようになった。最後の仕上げは遠洋航海だ。

当時、日露戦争勝利の余韻を楽しむまもなく、米国での排日運動の高まりとともに、日米関係は緊張の度合いを増してきた。前年、米国カリフォルニア州では「排日土地法」が成立し、国内では「日米開戦」をテーマにした記事も人気を集めた。

いつかは――。仮想敵国「米国」が、くっきりと姿を現し始めた。

四月二十日、横須賀港を出港。行き先はその米国である。

五月八日、ハワイ・ホノルルに入港。ハワイには在米邦人の四十二パーセントを占める約九万人の日本人が移民として暮らしていた。その後のロサンゼルス、サンフランシスコでも同じだが、在米邦人の熱狂的な歓迎を受けた。日米関係の行く末が危ぶまれ、今後の生活に不安を抱える邦人の目には、若き帝国海軍士官が頼もしく映っただろう。

どこでも入港時には、日の丸を付けた百隻以上の日本漁船の出迎えを受けた。歓迎会も盛大で、カナダのバンクーバーでは、軍帽あごひもに白い作業服の候補生と現地の日本人留学生との野球大会も行われた。艦上で行われた歓迎会の後、艦内を案内された移民のなかには、軍艦旗を見て涙を流す老人もいた。

遠洋航海の目的は、世界に通じるシーマンシップを身につける、初級士官の基礎の習得、広い国際的視野を養うなどだ。しかし、米国は滅多に入国できない仮想敵国である。「吾妻」に乗船した同期の草鹿龍之介はホノルルの真珠湾の詳細な図を書いている。「まさか後に真珠湾攻撃をしようとは夢にも思っていなかった」と後に述べた。シアトルの海軍基地訪問で、ドックを歩いた際、多くの候補生がその歩数を記録した。

後年の昭和十二（一九三七）年、星野清三郎が同じく遠洋航海で、「磐手《いわて》」に乗り組み、サンフランシスコを訪問した際、自由行動があった。そのとき、「磐手」の副長だった伊藤《いとう》慰太郎《じゅうたろう》（海兵四十二期）が金門公園で、身じろぎもせず湾口を見つめている姿を目撃した。「伊藤中佐は潜水艦出身で、一旦緩急あれば、潜入することがあるかもしれないと思い、地象海象を熟視観察している武人の影を感じた」

候補生といえども、兵学校で三年間、みっちりと海軍士官の心得をたたき込まれた軍人で

△遠洋航海でニューヨークに入港した巡洋艦「磐手」。昭和11年4月。▽遠洋航海で米国東海岸を訪問したときの星野清三郎の少尉候補生姿。

ある。見聞を広めるという海外旅行気分ではなく、まだ実戦経験がない分、気負い込み、海軍士官の目で米国を視察したのは当然だった。

七月七日、最後の寄港地シアトルを出港、帰国の途はアリューシャン列島寄りの大圏航路だった。二十一日に日付変更線を越え、二十二日正午、「浅間」はキスカ島南方百五十海里に位置していた。

「八日以後、濃霧に遭遇」と記録されている。木村はアリューシャン列島特有の霧の中を進んでいた。米国との戦争はイメージできても、木も生えない極寒の地アリューシャン列島を占領することになるとはだれも想像もつかない。二十九年後、木村は再び、濃霧のなかを進むことになる。

第二章　海軍士官

初陣

「浅間」「吾妻」が苫小牧に帰港する二日前の七月二十八日、第一次世界大戦が勃発した。セルビアの首都サラエボでオーストリア皇太子夫妻が射殺された事件が発端だった。

——至急、横須賀に帰港せよ

苫小牧の後にも国内の港に寄港しながら横須賀に向かう予定だったが、遠洋航海は打ち切られた。世界情勢が理解できなくとも、ロシアを破り、列強の仲間入りを果たしている日本が影響を受けないはずはないと乗組員全員が感じた。日本も参戦する。木村二十二歳。初陣を前に武者震いをした。

八月十一日、第二艦隊所属の一等巡洋艦「八雲《やくも》」乗り組みを命じられた。階級は少尉候補生のままだ。木村が乗艦した「八雲」は佐世保港を出港し、支那沿岸の警戒に当たっていた。

——日本がドイツと開戦

八月二十三日、洋上で電信が届いた。ついに実戦である。日英同盟を結んでいた英国の要請で、ドイツに対して開戦に踏み切った。

攻撃目標はドイツが占領していた青島港《チンタオ》と独東洋艦隊だった。東洋艦隊は巡洋艦二隻、軽巡洋艦、駆逐艦など数隻を擁し、日本海軍の脅威になっており、青島自体も要塞化し、五千の陸兵を配していた。

「初めて、とにかく実戦に参加するのである。いつ戦死しようとも見苦しくないよう、下帯からシャツはもちろん、軍服も洗濯したての純白なものを着用し、白の手袋まで用意し、日本刀の軍刀をおび、モーゼル拳銃を肩からかけたありさまはわが目にも凛々しい若武者振りであった」

同期の草鹿の言葉だ。木村やほかの四十一期生も同じ心持ちで出撃した。練習航海後、いきなり初陣とは武運めでたい四十一期だった。

青島攻略作戦には陸軍独立十八師団など約五万人、海軍第二艦隊約三万人が参加。「八雲」は青島港を封鎖し、九月二十八日、陸軍援護のため、要塞を砲撃した。

十一月七日、ドイツが降伏した。

木村は作戦参加で勲六等瑞宝章、金三百円を賜った。十二月一日に少尉を任官した。だが、前述の草鹿は反乱インド兵鎮圧のため陸戦隊小隊長として活躍するなどしていて、木村の戦績はほかの同期と比べて、地味なものだった。

大正四（一九一五）年十二月十三日、「八雲」から「相模《さがみ》」乗り組みを命ぜられる。

「相模」は日露戦争の際、旅順港で中破していたロシア戦艦「ペレスウェート」で、戦利艦として、日本で一等海防艦に改造されていた。青島攻略作戦にも参加したが、大正五（一九一六）年に同じく戦利艦の「丹後《たんご》」、「宗谷《そうや》」とともにロシアに三隻一千万円で有償返還された。「相模」はロシア海軍で装甲巡洋艦に格下げされた後、大正六（一九一七）年、エジプト・ポートサイド沖で機雷に接触、沈没した。

「ペレスウェート」はロシアから戦勝国日本に渡され、さらに金銭で再びロシアで返還された。航空機がまだない当時、戦艦は最大の武力であり、莫大な資金を費やしているため、取った取られたの領土と同様の扱いだった。

「相模」がロシアのウラジオストクで引き渡された大正五（一九一六）年四月四日付けで、木村は三等巡洋艦「須磨《すま》」乗り組みを命ぜられる。木村は同年十二月一日に中尉に昇進し、同時に普通科学生を命ぜられた。

一年間学生に戻り、水雷学校と砲術学校で半年ずつ知識と技能を学ぶ。少尉か中尉時代の必修課程だった。実戦後、一年間も技術を習得するという不合理なシステムで、後には練習航海後、さらに海兵六十三期からは兵学校在学期間を四ヶ月延長することで、普通科学生制度は廃止された。

木村が普通科学生時代の大正六（一九一七）年の八月。草鹿龍之介の回想である。

「八雲」乗り組みだった草鹿は遠洋航海を終え、横須賀港に上陸。夕食を水交社でと思い、下士官兵集会所の前を歩いていた。

「草鹿、草鹿」

声がする柔道場の方を向くと、木村だ。同じく同期の伊藤三郎もいる。

兵学校の同期「クラスメート」は、人間形成上もっとも重要で多感な十代半ばに三年以上も寝食をともにするから、先輩の制裁に耐えながら学んだ結束は親兄弟よりも強い。卒業後、階級が変わろうとも、二人になれば、同期は「俺」と「貴様」で通じる。

「願います」

軍隊内でも、この一言さえあればすべての処理がスムーズに進んだ。その同期生が呼んでいた。

「おれたちはこのごろ、牛というものにありつかぬ。久しぶりにすき焼きでもやろうか」

木村は特に「久しぶり」に力を込めて言った。

親友を偶然見つけたというよりも、腹が減っていたから呼び止めた。そう草鹿は思ったが、木村の提案に従い、すき焼きを食べることになった。

「貧乏少尉、やりくり中尉、やっとこ大尉」

この言葉通り、少尉や中尉の懐が寂しいのは常識だった。だが、草鹿のように一旦、遠洋航海に出ると、使う所もないため、かなり裕福になる。学生で何の手当もない木村にとって、草鹿はネギをしょったカモ同然だった。

「なにも貴様一人におんぶするわけではない。応分の割り前は俺たちも出す。なあ、伊藤」

開けた財布の中身は木村が五銭、伊藤が三銭だった。カレーライスが七銭、天丼が二十銭、三種の神器（卵焼き、かまぼこ、魚）が入った折り詰め駅弁が十五銭の時代だ。木村や伊藤の持っている金では、すき焼きどころではない。

「一銭、二銭の金ならなんとかなるが、円となってはなあ」

もちろん、草鹿のおごりですき焼きを食べることになった。草鹿は「牛飲馬食」と表現。仲の良い友人同士、たらふく牛肉を食い、酒を飲んだ。

「草鹿、倹約して、金を貯めなきゃダメだ」

自分のことはさておいて、木村が貯蓄の勧めを説きに説いた。

「貴様の貯金が三百円になったら、三人そろって『三百円祭り』を盛大にやろうじゃないか」

人に貯金をさせ、貯まったらみんなで使おうという何とも虫がいい話である。それ以来、木村と伊藤はたびたび、草鹿の貯金通帳をのぞきにきたというから、本気だったのだ。

木村の屈託のなさと、気の合った同期同士の男と男のいい付き合いが窺い知れる。

後年、木村について、周囲が語る話は、華麗な戦歴よりも、こういうエピソードばかりである。だれからも愛される人柄としか言いようがない。

このころから、木村はトレードマークになるヒゲを生やし始めたが、まだ、後ろから見ても先端が見える八の字ヒゲというほどでもない。

二名救出

青森県むつ市大湊町。いまでは寂れているが、かつてここには北洋の鎮守である大湊要港部があった。要港はほかには対馬・竹敷《たけしき》、台湾・馬公、旅順、朝鮮・永興などしかなかった。その上の軍港は鎮守府が置かれ、横須賀、呉、佐世保、舞鶴だけだった。大湊は北海道からオホーツク、北太平洋の広大な海を管轄し、ロシアの南下政策に対抗する拠点だった。現在でも海上自衛隊大湊地方総監部が置かれているが、その規模は当時の面影もない。

JR大湊駅からバスで十分。大湊地方総監部の敷地内にある郷土資料館「北洋館」には、高さ百五十センチほどの木村の肖像画が飾られ、「北洋の大男子」と書かれている。北洋館は大正五（一九一六）年に大湊要港部の水交会（海軍士官の社交場）として建設され、当時としては珍しい石造りの洋風建築だった。「水交会」は「荘子」の一節「君子の交わりは淡きこと水の如し」から名付けられた海軍の会員制クラブで、同様の会に陸軍の「偕行社」があった。

戦後は自衛隊の歴史資料などの保管施設だったが、昭和五十六（一九八一）年から「北方の海上防衛」をテーマにした資料館として、一般にも公開されている。

不思議と木村の海軍人生は北の海と縁が深い。普通科卒業後の大正六（一九一七）年十二月、南洋群島防備隊に命ぜられ、コロール特設無線電信所兼アンガウル特設無線電信所長補助の立場でパラオで五カ月間、過ごした。その後、第三艦隊所属「三笠」乗り組みが命ぜられ、大正七（一九一八）年九月十日、「三笠」に赴任、舞鶴を出港し、ウラジオストク警備に着いた。

同年八月、ロシアで起きた社会主義革命で誕生した革命政権（ボルシェビキ）から、極東ロシアのチェコスロバキア軍を救出する目的で、米国の呼びかけに応じた日、英、仏、伊、支の五カ国が出兵。ウラジオストックに集結したのは日本一万二千、米国九千、フランス二千二百、支那千五百、英国八百で、日本軍が指揮する共同派遣軍は九月末までにロシア極東三州（沿海、黒龍、ザバイカル）の治安を回復し、チェコ軍救出に成功した。

△かつては要港部がおかれ北洋鎮守の拠点だった青森県の大湊と青森県むつ市にある北洋館。▽北洋館に飾られている木村昌福の肖像画。

日本軍兵力はピーク時には日米公約をはるかに上回る七万二千人で、各国は撤退した後も、日本軍だけが治安維持のために駐屯を続けた。

日本軍は戦死者三千七百人、戦費は九億円の多大な損害を出した後、このことは「無名の師（大義名分のない出兵）」として激しい批判を浴びた。ただし、連合国として義務を果たす、革命政権軍（共産党）に朝鮮国境を越えさせず、居留邦人を保護するという理由はあった。

氷点下四十度にもなる冬を迎え、革命政権軍の反攻が始まり、地元の気象、地理を知り尽くしている革命政権軍はゲリラ戦法に転じた。河川が凍結し、物資の輸送もままならず数多くの部隊が全滅した。木村は家族にこんな思い出話をしている。

「日本軍は黒の外套を着て雪の中で戦った。敵は白い外套だ。そのために味方はバタバタ敵弾に当たって死傷した」

雪に紛れる白の軍装さえ準備できずに、厳冬地シベリアで、革命政権軍と戦ったことになる。

特に尼港《にこう》（ニコライエフスク・ナ・アムーレ）で起きた尼港事件は日本人が忘れてはならない陰惨さだった。

ハバロフスク地方の尼港はアムール川（黒龍江）が間宮海峡に注ぐ河口にあたる人口一万五千人の町で、日本領事館も置かれ、在留邦人四百四十人が暮らしていた。陸軍歩兵第二連隊所属の石川正雅《まさただ》率いる一個小隊三百人とロシアの反革命軍が郊外の革命政権軍と対峙していた。

大正九（一九二〇）年二月二十四日、革命政権軍の休戦申し入れがあり、「専守防衛」の命を受けていた石川は停戦協定に合意した。停戦協定には「治安維持」「裁判なしに市民を処刑しない」との項目があったが、約千人の革命政権軍は市街地に入ると、市民を次々に処刑し、暴徒千人と結束し、日本軍に武装解除を求めてきた。

海も川も凍った極寒、無線電信所も敵の手に渡り、外部との連絡手段は閉ざされていた。石川は死中に活を求めるのは奇襲攻撃しかないと考えた。

三月十二日午前二時に総攻撃。しかし、約二千人に膨らんだ革命政権軍の前では多勢に無勢、石川は戦死、陣地に戻ってきたのはわずか百人。居留邦人は老若男女を問わず虐殺され、領事館も襲撃され、全員死亡した。

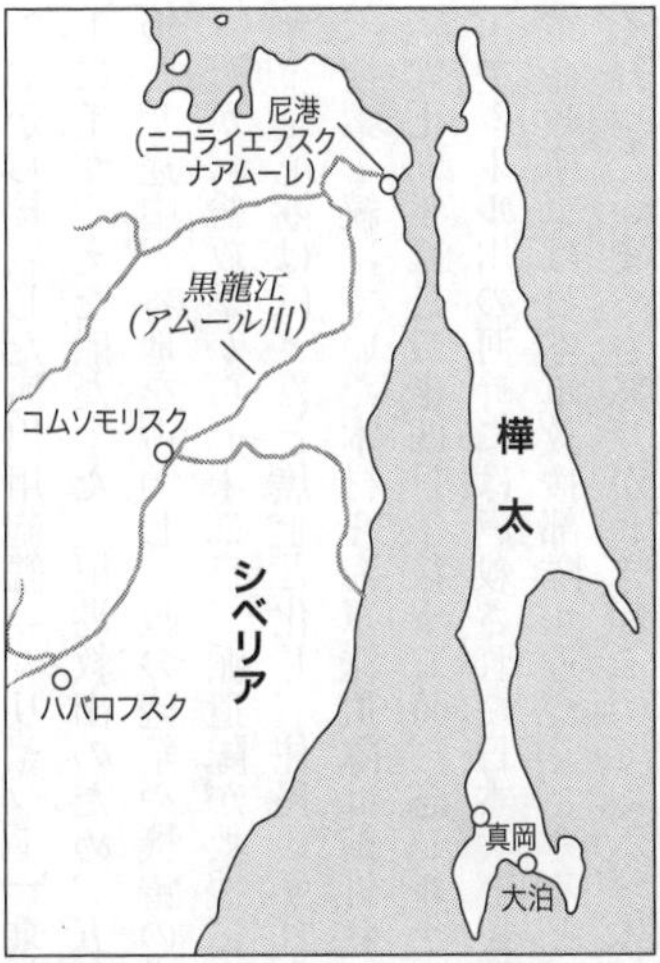

包囲を続ける革命政権軍は三月十七日、「日露両国で停戦協定が成立」との偽の電報を渡し、そこにまた、第十四師団の東部旅団長から「無益な戦闘中止」の訓令が伝達された。革命政権軍と日本軍が停戦に合意。ところが、停戦のはずが今度は武装解除を命じ、日本軍が全員、獄舎に収容された。

木村はこんな時期、海軍派遣隊としてロ

シアから接収した河川用砲艦「ブリヤット」乗り組みに変わっている。砲艦といってもボートに毛が生えた船だった。尼港救出のため、五月十七日、ハバロフスクからアムール川を下った。途中、各地を占領し、敵の砲撃や機雷の排除をしながら、六月三日、尼港に入港した。

だが、総攻撃から七十二日、派遣隊が救援に到着したとき、街はすでに死んでいた。

――尼港はほとんど焦土と化し、住民いずれも避難しありて、光景転凄惨《うたた》を極む――

捜索を続けていた木村ら海軍派遣隊は街外れの獄舎の壁に刻まれた日本語を発見した。

「大正九年五月二十四日午後十二時、忘レルナ」

アムール川の河畔には虐殺された日本兵と民間日本人百二十二人の遺体が放置されていた。革命政権軍は日本軍救援部隊が近づくとみると、見せしめのため全員を処刑した。九十年近く経ったいまでも怒りがわき起こってくる。木村もこの光景を見たはずだ。

生と死が表裏一体となる戦場。敵国とはいえ、民間人の命さえ奪う戦い方。死に直結する適切な指揮の重要性。頭では理解していても、体験しないとわからない。木村は何を感じ取っただろうか。帰国後、親友の草鹿に語っている。

「最初に敵弾の下をくぐったときは無我夢中だった。お祖師さまのお守りを持って戦ったが、心中の恐怖をぬぐい去ることができない。俺も座禅の仲間に入れろ」

木村の菩提寺は日蓮宗。「お祖師さま」は日蓮上人のことで、この後、木村は座禅に取り組むことになる。「戦場なんてなんともなかった。命も惜しくはなかった」。そう強がることもできただろうが、そんな素振りもなく、正直に恐怖を吐露している。

蛮勇を勇とし、生と死の境が判然としない指揮官では、部下の命がいくつあっても足りない。砲弾を撃ち合う海戦では経験できない陸戦だからこそ、死の恐怖と命のはかなさを実感したに違いない。

木村は七月二十二日、舞鶴に帰港するまでの間、陸軍のように革命政権軍の砲撃を受けながら、小さな川船で転戦。敵を撃退し勝利したことも、反撃を受け敗走した場面もあったはずが、ほとんど記録に残っていない。

「六月十五日、出撃。邦人二名救出、十七日帰投」

戦果としてあるのはこれだけだ。前回の初陣は砲撃だけで、直接に戦火を交えた今回こそが本物の初陣である。戦争であるならば、「敵部隊を撃退」「〇町を占領」など、敵を打ち破った戦果が大げさに記録されるのが常識である。しかし、「邦人二名救出」しかない。撃退よりも救出。今後の木村を暗示するものだった。

第三章　水雷屋

一国一城の主

大正九（一九二〇）年八月二十四日、「第二艇隊艇長心得」の辞令が下りた。同年十二月一日、大尉昇進と同時に心得が取れ、正式に「第二艇隊艇長兼海軍水雷学校教官」となった。

「海軍で早く指揮官になるには小艦艇の長になることだ。それで、自分は小艇を希望した」

木村は当時、そう語っている。百七番というハンモックナンバーを考えると大艦艇は無理だから、小艦艇を希望したという消去法で選択したのではなく、本心から「海上指揮官」として、活躍したいと考えていたのではないだろうか。

「貴様と違って、これでおれも一国一城の主だ」

横須賀鎮守府副官兼参謀という同期の出世頭の草鹿龍之介に威張って言った。「通称、車挽きと呼んだ」と草鹿は冗談交じりに返したが、後にこう話している。

「海軍というところはいつまでも兵学校の卒業成績がつきまとう。木村は艦隊の一流艦艇乗り組みになかなかしてもらえない。軍港内にくすぶっている小艦艇に配乗され、普通なら不平不満の日々を送る人が多いなか、いささかもそのような顔をせず、まじめに与えられた勤務に精進している」

第二艇隊は横須賀防備隊に所属し、「雉《きじ》」、「鴻《おおとり》」、「鷗《かもめ》」、「白鷹《はくたか》」の四隻からなっていた。

水雷艇は魚雷を装備し、敵艦に忍び寄り、魚雷を放って致命傷を与える襲撃を任務とした小型水上戦闘艦艇。この時代まで多数建造されたが、徐々に高速化、大型化が進み、魚雷を搭載した駆逐艦にとって代わられるようになった。

「白鷹」は明治三十六（一九〇三）年に建造された、水雷艇としては海軍最後の「隼型」で、全国に十四隻が配属されていた。

現在の海上保安庁が港内パトロールに使用するPC型小型巡視艇ほどの大きさしかない。百五十トン、全長四十メートル、全幅五メートル、乗員三十名ほどの寝泊まりもできない小艦艇だ。艇長以下、上下寝食ともにし、一人何役も務めなければならない。艇長といえども、機関操作や釜焚きを指示し、機関兵でも手旗信号を振り、水兵でも釜に石炭を放り入れた。

「白鷹」艇長として、木村も他の乗組員と同じように、機関学校正門近くに下宿を借りた。全国から選抜された士官エリートの兵学校とは違い、年齢も階級も職種も違う乗組員が家族的雰囲気の中で、お互いを助け合いながら勤務する独特の体質があった。木村の同期で同じく水雷屋の高間完《たもつ》に『海軍水雷史』の中の寄稿文がある。

――上に在って指示する者おごらず、下に在って服する者怖じず。しかも上下序画然として存して、親愛の情湧然としてあふれる――

これを「水雷屋気質」と呼んだ。乗り組む艦艇が水雷艇、駆逐艦、巡洋艦といかに大きくなろうとも最後まで、木村はこう言ってはばからなかった。

「おれは水雷屋だぜ」

帝国海軍最後の連合艦隊司令長官である小沢治三郎（海兵三十七期）も生粋《きっすい》の水雷屋だ。大正六（一九一七）年十二月に水雷学校高等科学生卒業と同時に第二艇隊に配属され、「鷗」と「白鷹」の艇長を務めた。木村は三年後、「鷗」艇長と「白鷹」艇長となって小沢と同じコースを進んだ。

「一生を海軍に捧げた跡を振り返ってみて、最も印象に残ることは、水雷艇長と駆逐艦長時代だ。兵学校の基礎時代はもちろんだが、本当に僕を鍛え上げてくれたのは実にこの二年足らずの時期である」

小沢は語っている。小艦艇の雰囲気が作り上げる部下に対する愛情の深さが、責任の重さになり、命と艇を預かる指揮官として小沢を成長させた。

さらに、一撃以て一艦を仕留めるという「小よく大を制する」という愉快さ、波に弱いことによる操舵の難しさ、魚雷を放った後は再装塡のため、母港に帰るしかないという一発屋の明快さなどが、小沢と木村の好みであり、船乗りとしておもしろさでもあっただろう。

――どんなときでも一艦一艇の訓練状態、機関の状況、隊員の疲労の度合い、燃料の現在量などをつかんで適切な指揮命令を下したのも、小沢が「生粋の船乗り」だったと言われるのも、この時期に積んだ体験の賜《たまもの》である――

小沢の幕僚を務めた寺崎隆治が書き残している。

木村の戦前の日記帳は九冊残っており、このころから数多くの書き込みがある。

・兵員への注意　怪我をしたるものあり、秋に腹をこわしたるものあり

・若年水兵等の釣床の位置等について　非衛生的な位置に当たるようなことはなきや注意

・早婚の弊、あまりに早いは身のためにならず

乗員の体調管理や虐げられがちな若い乗組員のハンモックの位置まで配慮している。軍人の結婚は許可制で、海軍武官結婚条例の許可条項に当てはまらない場合は結婚できなかった。木村は上司として、部下のあまりの早婚にも気をもんでいる。

後年の昭和十四（一九三九）年、給油艦「知床《しれとこ》」の艦長時代。少尉候補生の練習艦隊に所属し、ハワイからパラオ、トラック諸島の南洋航海のときのことである。「知床」はタンカーのため、給油作業がない場合には、単調な艦内業務の繰り返しになる。

潜水艦勤務から「知床」副長に転任してきた内野信二（海兵四十九期）は「海軍にもこんなにのんきな勤務があったのかと思った」と語っている。実際、内野は午前午後の課業始め

と作業の指示、夜の艦内巡検後に艦長の木村に「艦内よろし」と報告することだけが日課だった。

木村は航海中、もくもくとした真っ黒なスコール雲を発見すると指示を出した。

「航海長、スコール雲に突っ込め」

「知床」が真っ直ぐ、雲の真下に向かうと、バケツをひっくり返したような驟雨《しゅうう》が降り始める。

「手空き総員スコール浴び方」

号令がかかると乗員は裸になり、タオルと石けん、洗面器片手に甲板へ飛び出し、嬉々としていっせいに体を洗った。その光景を木村は髭をなでながら、にこにこと眺めていた。

一滴の水も無駄にできない遠洋航海では、シャワーを浴びる機会もない。まして暑い南洋である。乗員は一時、爽快な気分を味わえる。木村のシャワー企画は非常に受けがよかった。

補給任務を終えた「知床」は他の練習艦隊よりも、一足先に南洋から小笠原、伊豆諸島沿いに北上し横須賀に戻ることになった。木村は乗員のなかに、八丈島や大島など伊豆諸島出身者がいないか調べさせると、一人だけ三宅島出身者がいた。木村は三宅島立ち寄りを決めた。

だが、当時の三宅島に排水量一万四千五十トン、全長百四十三・四八メートルもの軍艦が横付けできる桟橋があるはずもなく、それ以前に、無線もない島に連絡する方法さえなかった。

「知床」は島の沖合で停泊し、サイレンを連呼させた。軍施設もない島に、軍艦が接近することなどめったにない。島民は何事かと訝《いぶか》しがりながらも、歓迎の意を込めて、日の丸を振ったり、万歳三唱をして応えた。それでもサイレンの連呼は止まない。

さすがに、緊急事態だと感じた島民の代表が小舟で「知床」に近づき、ようやく島出身者の里帰りであることがわかった。両親は船に招待され、息子からハワイや南洋諸島の土産を渡された。

戦前の日本で、海軍の軍艦で島に帰り、親戚縁者の前で親に外国土産を渡す。両親の感激振りを思うと、これ以上の故郷に錦を飾る場面は想像できない。ほかの乗員も故郷の親兄弟を思い起こし、目頭を熱くしたに違いない。

練習航海とはいえ業務中の軍艦が一乗員のため、艦長の独断でルートを変更することは異例中の異例だ。だが、木村は障害がなければ規則を守ることよりも、乗員を優先した。この三宅島寄港は練習航海での最大の思い出として語っている乗員が多く、木村は意図したわけではなくとも、乗員全員の心をつかんでしまった。

開戦直前の昭和十六(一九四一)年十一月十五日、巡洋艦「鈴谷《すずや》」の艦長として、兵学校を卒業したばかりの少尉候補生十人を受け入れた際の日記に、若き士官となる心構えを説いている。

・自分達の勉強修得が第一　生徒の考えで兵員を殴打する等以ての外か(人格者多し

腹の出来ている者多し)
・甲板士官は乗員の世話をするつもりでやれ
・甲板士官は乗員の種々なる役目あるを考慮し必ずしも整一にはいかぬことを心得べし
・指揮監督の要点 怪我、過ちの防止
・分隊士は隊員につきよく観察すべし即ち人格有資格者をよくわきまえよ
・ただ形式、無意味に叱ったりするものあり
・若年兵の体力に関して注意せよ 保健休養の件

まさに開戦という逼迫したときだが、兵員への無意味な殴打や叱りつけなどを厳しく戒め、兵員を観察し健康管理まで気を配るように指導している。これは木村自身が行ってきたことでもあり、艦長自らがこの姿勢ならば、艦全体の雰囲気がよくなるのは当然のことだった。

候補生の一人だった真島四郎(海兵七十期)は艦長訓辞が忘れられないと回想録に書き残している。

——例年の候補生ならば、副直勤務、短艇指導などの諸勤務が第一とされるがみなは違う。艦隊はいまやその実力を最高度ともいうべきところまで練ってきているのである。前任者が去ったが、人が代わった故に実力が落ちたというようなことは許されない。まず与えられた配置を研究演練し、寸暇を惜しんで勉強しなければならない。本艦の実力以上に諸君の実力がなることが喫緊事《きつきんじ》である。しかも諸君は士官である以上、自己の配置のみの研究で満足することは許されない。さらに大なる立場に立った場合も考えておく必要がある。諸君の健闘

を切望する――

木村の日記には「真島四郎　六男　札幌　旭川中　前呉服商」などと十人の出身地や父親の職業まで書き留めている。開戦準備に追われているときでも、両親からの預かりものである部下を大切に育てようとする証左ではないだろうか。

大企業のように持ち場持ち場で組織が分断され、責任の所在がわからなくなるような大艦艇よりも、中小企業のような小艦艇が木村の気性に合っていた。部下の木村評が残っている。

――人をほめて自慢は決してされず、ぽつりぽつりと何気なく話される罪のない失敗談がどんなにそれを聞く者の気持ちを快いものにするかを強く印象付けられた――（浅井秋生）

――いつも泰然としておられ、こまごまとしたことに口を出されたことを見たことがなく、しかも大事なことは「こうしたら、どうか」と述べられる程度で、決して「ああしろ、こうしろ」とは言われなかった――（細谷宏）

――『勅諭奉読』の際、初めの件《くだり》と五箇条だけを奉読し、説明の部分を省略したのに驚き、なかなかできないことではなかったかと思い、ただ者ではないと思った――（冬野菊次）

三人とも、最後の言葉は同じだった。

「自分もそうなりたいと思いました」

いかに小艦艇でも、すべてが家族的な雰囲気になるとは限らない。中小企業も、かまどの灰まで自分のものと部下をこき使い、資産を膨らませることしか考えていない経営者の方が多い。

ホンダの創業者、本田宗一郎が社長退任の際、「親父、親父」の大合唱で迎えられ、胴上げされた逸話を思い出した。ホンダはその当時までは、世界のホンダに成長しようとも「水雷艇」だった。小さいながらも、親父のために社員が奮闘し、親父は夢を語りながら、部下を温かく見守った。組織の雰囲気は規模ではなく、指揮官次第である。

部下を思いやりながら、指揮官として与えられた任務を全うする。木村は終生変わらなかった。

関東大震災

大正十二（一九二三）年九月一日午前十一時五十八分、関東全域を激しい揺れが襲った。震源地は東経一三九度、北緯三五度の相模湾北西沖、地震の強さは震度七、規模はマグニチュード七・九。関東大震災である。

地震は煮炊きをしている昼食時と重なり、百三十四カ所から火の手が上がり、大火災が発生した。死者・行方不明者十四万二千人、けが人十万人以上、全焼全壊約四十六万世帯で、日本の心臓部を直撃した未曾有の大惨事だった。推定損害額約五十五億円で、国の一般会計予算の四倍にも上った。交通は遮断され、行政機能はマヒ状態に陥り、治安が悪化、朝鮮人による暴動などの流言飛語が飛び交い、不穏な空気に包まれた。

震源地に近い横須賀でも死者行方不明者七百人、けが人九百人、一万三百世帯が全壊半壊。

修学旅行で横須賀を訪問していた静岡の中学生全員が山崩れで死亡する惨事もあった。

横須賀の海軍では一号ドックの潜水艦二隻が横倒しになり、工場の倒壊などで死者百人を出した。軍港内は倒壊によって流れ出した重油に火が付き、一面火の海になった。艦艇はすぐに港外に避難し、自力出港できない艦艇は曳航された。

地震発生の翌日、二日に東京と横浜に戒厳令が施行され、横須賀も三日に対象地域となった。海軍は横須賀鎮守府に横浜の治安維持と東京への救援物資輸送を命令した。

木村はどうしていただろうか。地震発生の一日は土曜日とあって、木村は船を下り、帰宅途中だったが、すぐに水雷艇「鷗」に引き返し、部下も全員乗船、戦闘態勢のまま、指示を待った。

「士官の多くは上陸の途にあり、平素、優秀と目された者がそのまま、帰宅したことがあってこそ、平素の心構えが表れるところである」

親友の草鹿龍之介の弁ということを割り引いても、頷ける言葉だ。

鉄道も道路も被害を受け、通信機器も破壊、海上交通だけが頼みの綱だった。海軍は被災現場の情勢把握のため、小型で機能性が高い「鷗」を連絡船に起用した。

木村は海軍高官を乗せ、浮遊物が一面に流れる隅田川河口の月島と芝浦を往復した。本来攻撃用で底が浅いため、操縦が難しい水雷艇だが、波や流失家屋の一部や家財道具を器用に避けながら、流れのあるなか、ピタッと見事に桟橋に横付けをした。乗船した士官は船乗りである。どれほどの技量かはすぐに判断できる。

「艇長はだれだ。実に見事なものだ」

生粋の船乗りの面目躍如だ。ただし、木村の日記にそういう記述はない。あるのは履歴だけだ。

――十一月十六日まで関東震災救護任務に従事――

海軍大学校受験

大正十三（一九二四）年八月、関東大震災の復興事業が各地で行われ、世間の動きも慌ただしく、落ち着かない日々が続いた。

木村は海軍大学校の筆答試験のため、同期の草鹿龍之介の官舎に泊まり込んでいた。秀才で鳴らした草鹿は前年に受験に失敗、「今年こそ」の思いも強かった。木村のほかには同じく同期の大森仙太郎、橋本信太郎、伊藤三郎、神田芳夫が、家庭を持っている者もいたにもかかわらず、勉強に専念できるという理由で泊まり込みに参加していた。

海軍大学校（海大）は明治二十一（一八八八）年十一月に東京・築地の兵学校跡に開校した。甲種学生、特修学生など四種類あったが、一般に海大というと甲種学生を指し、海軍将校の最高学府だ。戦略、戦術、軍政など高級指揮官にふさわしい素養を身につけさせた。ただし、海大は昇進に有利になったが、絶対条件ではなかった。

受験資格は大尉に昇進後、六年以内の大尉か少佐で、教育期間は二年。毎年、二十人前後、兵学校各クラスの平均十五パーセントが合格していた。

合格者のうち、兵学校卒業時のハンモックナンバー一番から二十番までが五十六パーセント、四十五番までが八十四パーセントを占めた。ほとんどが五十番以内ということになる。何度も書くが、木村は百七番である。

草鹿の官舎で三十過ぎの男六人の共同生活が始まった。押し入れから布団を出して昼寝する者あり、暑いのにどてらを着込む者あり、夜中に飯を炊き、握り飯をほお張る者あり、木村にとっては兵学校時代以来の青春だった。

筆答試験が終わり、いよいよ論文提出の朝。木村が同期と悠々と将棋を指している。草鹿は驚いた。

「おい、きょうは論文提出日だぞ」

木村は目を盤面からそらさずに答えた。

「それが、どうも考えがまとまらないのでなあ」

当日の朝だ。まとまるもまとまらないもない。草鹿はなんとのんきな連中だとあきれ果てた。

その年の合格者は二十人。十二月一日、海大入校日に草鹿と橋本の姿はあったが、木村の姿はなかった。同期の保科はかばうように語っている。

「あんまりコセコセ学問しないものだから、甲種（海大）に入らずに終わりましたが、決して頭は悪くなかった。仕えても非常によかったし、友達付き合いも非常によかった。人間の生まれつき持った天性がありますね。それが海軍に入って磨きがかかったということでしょう」

木村は結局、海軍の学校に関しては、海軍兵学校と海軍水雷学校普通科しか出ていないことになる。本来、「水雷屋」と呼ばれ、駆逐艦長や駆逐隊司令になる士官は魚雷の射法理論や射法計画などを学ぶ海軍水雷学校高等科学生を出ているが、木村はこれも例外的に普通科しか卒業していない。

エリート集団の海大以外でも、海軍水雷学校高等科学生や海軍砲術学校高等科を卒業すると、士官名簿に「高水」「高砲」と記入され、何もない者は「無章（ノーマーク）」と呼び、区別された。

「どうしてやらなかったのかな。頭はいいんですよ。まとめて勉強するのがいやだったのかな。高等科は立派に入れる人ですよ」

兵学校で一期後輩の大西新蔵は首をかしげた。

私も勉強ができるできないと海軍の指揮官の能力に何の関係があるのかという思いは強い。しかし、静岡中学校時代、兵学校卒業時のハンモックナンバーと、あえて何度も取り上げるのは、このことが木村の人間的魅力を増幅させている気がするからである。

手元に次男の木村氣が父の半生を描いた漫画『髭の司令官』がある。フクちゃんのような温かみのある画風で、木村の人柄とぴったりだ。巻末に「フィクション」と書かれているが、ほぼノンフィクションである。

海大受験の泊まり込みシーンで、みんなが勉強しているとき、おなかがすいているだろう

昌福の次男、氣が父親の半生を描いた『髭の司令官』より。

と、木村は夜鳴きそばを買いに行き、そば屋に「毎日、精が出ますね」と言われる。夜食にうどんを作ってあげ、「貴様が作るうどんは格別だ」とほめられる。

「最後は、ほめてくれたのはそば屋のおやじだけ。木村大尉の名前は海軍大学合格者の名簿にはのっていなかった」

氣も勉強が不得意だった父親に、いい味を感じ取っていた。

ナンデモヨシ

水雷艇長時代の大正十（一九二一）年、横須賀工廠《こうしょう》長だった山中柴吉の紹介で、木村は原田貞子《ていこ》と見合いをした。

翌年の五月十四日、結婚する。このときには水雷艇長から、特務艦「青島」の分隊長になっていたが、痔瘻《じろう》で海事共済組合佐世保病院で入院治療していた。その後、約四カ月間、自宅で療養。九月一日付けで再度、水雷艇「白鷹」艇長に任命された。士官が異動する場合、ポジションが上がるのが通例だが、一年後に横滑りで、同じ艇長に戻っている。病気療養が査定に響いたのかもしれないが、いずれにしても新婚生活が痔瘻の療養から始まったところがいかにも木村らしい。

いつまでも官舎住まいというわけにもいかず、大正十二（一九二三）年、水交会から三千五百円の低利融資を受け、鎌倉・扇ケ谷《おうぎがや》に家を建てた。

「一国一城の主」が好きな木村は、よほどうれしかったらしく、あちこちで「一度、遊びに来い」と声をかけてまわった。

新築の家には木村の自慢が二つあった。一つは納戸の上の中二階の「アトリエ」で、もう一つは約五十坪の庭に掘った清冽な泉だった。近くの別荘で、同じように掘り抜きを掘ったが、濁水が止まらなかったという。この話を聞いた友人らは「木村の人徳か」とささやきあった。

自宅では風雅な一時を過ごしたかったのだろう。俳人だった祖父の戒名「秋草庵日詠袖丸居士」から取り、「秋草庵」と呼んだ。

五月二十三日、長男誕生。自分から一字取り、「昌輝」と命名するが、わずか三日間の命しかなかった。第一子誕生の喜びと直後の深い落胆。愛情濃厚な木村と貞子の心中はいかばかりだったろうか。

翌大正十三（一九二四）年七月二十一日、横須賀港で慌ただしく出港準備をしていた第三号掃海艇の艦長である木村に電報が届いた。

――女児誕生、命名いかに

木村はすぐに返電した。

――なんでもよし

長女は「淑子《よしこ》」と名付けられた。

戦前、木村からこのエピソードを聞いた部下の星野清三郎は、男児ではなかった木村の落

熱海から箱根を訪れた木村家の家族旅行。左から次男・氣、長女・淑子、木村、妻・貞子、三男・昌。昭和13年11月、十国峠で。

胆と勤務第一、家事第二の姿勢の表れと受け取っていたが、戦後、木村夫婦のことを知るにつれ、無愛想に聞こえる表現のなかにも木村の深い愛情と夫婦の阿吽《あうん》の呼吸を感じ取った。

昭和二（一九二七）年八月二十七日に次男、氣、昭和六（一九三一）年八月十一日に三男、昌《あきら》が誕生した。

木村が家族と写った写真は一枚しか残っていない。次男、氣のジフテリア全快祝いに熱海から箱根を旅行した際、十国峠で撮影された。昭和十三（一九三八）年十一月のものだ。

「父は無口でしたが、家族を大事にしていました。写真がないのは、単に撮影されるのが嫌いだっただけです」

氣はそう語る。そのことを証明するメモ書きがある。

――淑子はじめて手紙を寄せり――

――昌坊『なんだヘソまでか、ヘソじゃおよげね―』って　そんなことないだろう――

入港した別府で受け取った郵便物の中に小学校に入学したばかりの長女の手紙を見つけた喜びや、小学校二年生の昌と海水浴に行った思い出を訓練状況や宴会経費などの間に書き留めている。

家族思いの木村と相反するととらえることもできるが、木村は女性に対しても当時の軍人の枠からはみ出していた。

昭和十三（一九三八）年九月、長崎県佐世保市の玉屋百貨店会長だった田中善三郎の長男誕生のお祝いに訪れた木村は女性同伴だった。それも売れっ子芸者「香取」で、白昼堂々と連れ立ってである。夫婦でも二人で並んで出歩くことなど恥ずかしい時代のことだ。田中よりも、妻の勝子の方がより驚嘆した。木村は何の屈託もなく話し、帰って行った。このことを田中は「天衣無縫」という言葉で表現した。

女性への思いを歌にも詠んだ。佐世保に入港した日のメモに「高橋一松君と会い寄書き於清流」とある。高橋一松は兵学校の一期上の先輩で、「清流」は通称「川」と呼ばれ、海軍士官が使っていた割烹のことだ。佐世保では「山」と呼ばれた「万松楼」も有名だった。

月見れば　君のことこそ　しのばれて　いさおたててそ　帰る日を待つ

月見をしていても、恋する女性のことが思い出されて仕方ない。木村が心を痛めた女性は佐世保在住だったようで、「佐世保入港を待ちわびて詠める」としての歌もある。

朝霧の　立ちこむ山の　麓こそ　愛しき君か　棲家なるらむ

中国・福州に向かう途中でも、その彼女を思い出す。

うつつにも　夢にも君を　思ふかな　みなとの風よ　吹くな散らすな
たをやめの　家のささえと　なる人を　みなとの風に　神や守らむ

台湾の高雄から日本に向かう途中でも歌っている。

君と見し　夢ははかなく　消えはてて　まるまどの外　しらしらと明く
雁の　天路をかえり　ゆく見れば　われもたよりを　ことつてやせむ

このときの木村はすでに四十七歳になっているが、青春真っ盛りの若者のように、寝ても覚めても、恋にうなされている。

戦時色が濃厚になり、前線兵士に慰問袋を送る運動が盛んになっていたころである。木村も港に入るたびに、家族や女性からの手紙や差し入れが入った慰問袋を楽しみにしていただろう。差し入れ人のメモ書きもある。

「台南新町　川渕栄」
「都城牟田町竹葉本店　竹内秀子（千丸、うろ古）」
「鹿児島市南林町　吉井みよ（稲香）」
「別府寿楽園　かず子」

源氏名が併記してあるところから、多くは芸者と思われるが、佐世保の女性の名はない。港から港を軍艦でまわり、入港時には地元の一流の割烹で酒を飲む海軍将校に女が付かないはずがない。女にとっても礼儀をわきまえ、教養がある上に身元がしっかりして、取りっぱぐれがない最上級の客であり、男であるはずだ。だが、木村は女遊びをするというよりも、部下を思うように、家族を思うように、佐世保の女性を思っている。人の心に真っ直ぐに向き、自分の気持ちに正直なのだ。そうでなければ、だれが見るかもわからない艦隊訓練などを記入する手帳にこんなにも恋の歌を書かないし、残さない。

歌から佐世保の女性のイメージを膨らませることができる。

にごり江に　生い立ちぬれど　白蓮は　真白き心　もちつづけてむ

後ろからも見えるカイゼル髭の持ち主とは思えない。「艦長しっかりしてください」。そう声をかけたくなるほど、純粋な男である。

天皇陛下万歳

昭和十三（一九三八）年正月に撮影された一枚の写真がある。木村が海軍大佐の正装をして長剣を持ち、いすに腰掛けている。自宅がある鎌倉でも、港がある横須賀でもなく東京・青山の宇和川写真館で撮った。一流の写真館で撮りたいという木村の思いが込められている。裏には木村自身が書いた説明が付いている。

——蓋し最後の進級なるべし撮って即ち大人に贈りて恵存を請う所以なり
昭和十三年春　木村昌福　高橋大人——

高橋大人は木村が兄事していた高橋末五郎のことだ。

兵学校を出れば、何もしなくても「大佐」までは昇進するのが通例だった。兵学校の同期の多くはすでに大佐に昇進しており、海軍大学や水雷学校高等科などの上級学校や、兵学校のハンモックナンバーに無頓着に思える木村だが、自分の出世は「大佐止まり」と考え、東京の写真館まで出向き、「最後の進級」の勇姿を記念に残し、恩人に贈った。

日記には「進級に際し御丁寧に祝詞を寄せられたる芳名」として、植松練馬将軍、相馬正平大尉、片山泰蔵兵曹長の名前がある。水雷艇などの小艦を乗り継いで二十年以上。木村は海上指揮官としての終焉を感じ取り、すでに懐古的になっていた。

だが、木村が考えているよりも、海軍人事局は小さな船で培ってきた「水雷屋」としての時間をかけずに部下を掌握する順応力や、どんな船にも対応できる船乗りの技量を高く評価していた。

特設工作船「香久丸《かぐまる》」（排水量一万五千トン）が急遽、海南島攻略作戦に参加することが決まり、昭和十四（一九三九）年一月二十八日、艦長に就任。それまで、木村が司令を務めていた第八駆逐隊は一月二十日に大分・佐伯に艦隊集合しており、艦隊集合後に異動するとはかなり異例の人事である。木村の日記には十四年の艦隊編制や警備艇、練習艦艇まで克明に記録されているところから、木村にとっても寝耳に水の異動だった。

急病などの何らかの理由で、「香久丸」の艦長に不都合が生じ、木村が艦長に抜擢された。言い換えれば、穴埋め人事だが、前任者の穴を埋めるだけの力量がなければ、務まらない。敗戦まで、どの作戦でもいの一番に木村の名が上がることはなく、人事局は木村のことを穴を埋めるが、それ以上の評価はしていないことも確かだ。

そんなことはどうでも構わないのが木村だ。「香久丸」は昭和十一（一九三六）年に竣工され、全長百四十五・四メートル、全幅十八・六メートルと木村が親しんできた水雷艇の十倍もの大きさである。水雷艇の乗員は三十人だが、「香久丸」は百七十三人、幹部将校だけでも二十人いる。町工場の社長からいきなり中堅企業の社長になったようなものだ。

ご満悦の様子が日記の歌からあふれ出てくる。

これが最後の昇進と思い、大佐になったとき東京・青山の写真館で撮影した。昭和13年1月。

二十年の　小艦すまいも　今はただ　夢の如くに　思はるるかも
朝夕に　ゆあみなしつつ　思うかな　小艦すまいの　ままならぬさを
わがふねは　昇るだんだん　四十八　しかも途中に　やすみ場所あり
吾が部屋は　電燈のかず　七ツあり　風呂場便所は　二ツ宛あり
朝起きて　体操してから　ゆに入り　さて朝餉には　何をくわうか

艦長室には電灯が七つ、風呂もトイレも二つずつもあり、階段は四十八段であんまり長いので、途中に踊り場さえある。前述した恋の歌と比較すると、同じ人物の歌かといぶかしくなるほど、子どもっぽくも嬉しい気持ちを素直に書いている。五十近い男が体操してから、風呂に入り、朝食はなにかな楽しみだなと歌にして書き残す。かわいげがある男とは年齢とは無関係に何も計算しない稚気を残している男ではないだろうか。

「おれは水雷屋だぜ」と胸を張っていても、やっぱり大きな船は気持ちがいいのが当然じゃないだろうか。それを素直に口にも顔にも出すところが周囲の好感を勝ち取ることになるのだが、当人には理解できないし、理解しているようでは人望も得られない。

海南島攻略作戦は蔣介石《しょうかいせき》率いる国民政府にベトナムなどの東南アジアから物資を補給する「援蔣ルート」を遮断する目的と、フランスやオランダの東南アジアの植民地に進駐し、資源を奪う南進作戦に備えた前進基地の確保に加え、海南島の石油などの鉱物資源探索の思惑から立案された。

二月三日、作戦発動。陸軍と海軍協同で十日に北部の海口への上陸に成功、さしたる抵抗もなく占領、十三日は全島を掌握した。木村の「香久丸」は陸戦隊を乗せ、海南島南部の三《サン》亜《ヤー》に上陸させた。

蔣介石は十二日、「海南島攻略は太平洋事変の発端となろう」と外国人記者に訴え、欧米列国の協力を要請。日本が蔣介石政権を倒すための占領であるといかに釈明しても、英、仏、米はのどから手が出るほど石油を求めている日本の南進の意図をはっきりと確認した。日本は上陸直後から鉱物資源の調査を開始した。

海南島攻略作戦中、「香久丸」は三亜沖に停泊。早速、木村はボートで偵察を命じた。調査を終え、戻ってきた部下から報告を受けた。

「浅瀬からピカピカした油の帯が尾をひいて流れていた」

木村はすぐに海軍大臣と連合艦隊司令長官宛てに電報を打った。

――天皇陛下万歳　我れ油田を発見す

世界中で油田発掘に血眼になり、特に資源のない日本は石油を求め、南進しか生き残る術はないと考えられていた時代。木村の興奮が手に取るようにわかる。

電報を打った後、再度、詳しく調査を命じたところ、海底に沈んだドラム缶から油が流出していただけだったことが判明した。

「うちの艦長もあわて者だな」

艦橋で部下が雑談しているところを木村が通りかかったが、ニコニコしているだけで通り過ぎた。

「日本は石油不足に堪えられなくて戦争を始めた。木村さんも石油不足を真剣に考えていて、反射的にああいう電報を打ってしまったんだろう」

戦後、当時を知る前田一郎（海兵五十七期）が語っている。

昭和十五（一九四〇）年九月二十三日、日本軍はベトナムとラオス、カンボジアを植民地としていた仏印総督と協定を結び北部仏印（ベトナム北部）に進駐する。欧州でドイツとイタリアの挟み撃ちにあい、衰退していたフランスは日本の要求をのまざるを得なかった。その四日後の九月二十七日、ドイツ、イタリアと三国同盟に調印した。

態度を硬化させた米国は昭和十六（一九四一）年に入り、在米資産の凍結と日本に対しての石油輸出の全面禁止の措置で日本を干上がらせる作戦に出た。すぐに英国とオランダも追随した。

当時の日本は石油の七十六・七パーセント、鉄類の六十九・九パーセント、機械類の六十六・二パーセントという軍需産業の核を米国からの輸入に頼っていた。

禁輸措置を取られた段階で一日一万二千トンの石油を消費していた日本は二年で国の機能を失うとの計算が公表された。大陸からの撤退に反対し開戦を唱える陸軍と同様、海軍も石油なくしては艦船一隻も動かせず、無用の長物になるという状況に陥り、早期開戦に舵を切った。歴史の流れは一気に日米開戦に傾いた。

戦後になり、海底油田の存在が確実視され、南シナ海では現在もその海底油田をめぐり、領有権争いが続いている。特に南沙諸島では中国と台湾、ベトナム、フィリピン、マレーシア、ブルネイの六カ国が自国の領土と主張し、昭和六十三（一九八八）年には中国海軍とベトナム海軍が軍事衝突を起こした。西沙諸島でも中国とベトナムが領有権を主張。木村が「油田発見」の電報を打ってから、七十年、登場する国が交替しただけで、不思議なほど当時と状況は変わっていない。

木村が発見した油の帯が本当に油田だったら、日米開戦は見送られただろうか。それとも、歴史の必然だっただろうか。

第四章　開戦

開戦

昭和十六（一九四一）年十二月二日夕刻。中国の海南島三亜に停泊していた巡洋艦「鈴谷」に至急電報で軍事機密電報が届いた。

艦内では三日、マレー半島上陸作戦に出港するため、出撃祝いの真っ最中だった。「明日の行動に差し支えない限り、飲んでもよろしい」という許可が出ており、分隊士や分隊長は部下のデッキまで下りて、一緒に飲んでいた。

当直兵が通信士として乗り込んでいた少尉候補生の真島四郎に電報を手渡した。

――新高山登レ一二〇八――

真島が訳してみても、簡単な言葉だが、意味がよくわからない。もう一度、念入りに訳しても、やはりさっぱり理解できない。真島はわからないまま、士官室に出向き、そのまま通信長に手渡した。

受け取った通信長が自室から持って来た軍事機密の暗号書と照らし合わせて、電報文の横に書き入れた。

——X日を十二月八日に定む——

この言葉を読んだ砲術長が拝むように、つぶやいた。

「ありがたし、ありがたし」

すぐに艦長の木村の元に報告すると、木村がこう指示した。

「これを皆に発表せよ」

艦内に十二月八日に開戦が決定したことが放送されると、歓喜とも驚愕ともとれる歓声が起きた。

「全艦の沸き立っている気分をさらに盛り上げようと艦長は意図されたのであろう」

通信士だった真島が経験した軍機電報の艦内放送は、後にも先にもこの一回しかない。

木村はその前年の昭和十五（一九四〇）年十一月十四日に巡洋艦「鈴谷」の艦長に就任。直前にはジフテリアで二十一日間、横須賀病院に入院している。前回の入院が痔瘻で、今回が子どもがよくかかる感染症のジフテリア。意外と頻繁に療養している印象があるが、柔道の達人でも痔と感染症にはかなわないといったところか。

「鈴谷」は巡洋艦「最上《もがみ》型」といわれ、排水量八千五百トン、全長百九十七メートル、出力十五万二千馬力の堂々たる最新鋭艦で、昭和十二（一九三七）年十月三十一日の進水式には天皇陛下がご臨席されたことが、乗員の誇りであった。

「鈴谷」は「最上型」四隻からなる第七戦隊に属し、旗艦は通常は「熊野」だったが、「熊野」に支障が出た場合には、「鈴谷」が旗艦になった。

「戦隊」は巡洋艦や駆逐艦からなる基本的な船団で、それに戦艦が加わると「艦隊」となり、「艦隊」が二つ以上になると「連合艦隊」となる。

昭和十六（一九四一）年十一月五日、東条内閣は「帝国国策遂行要領」を御前会議に諮《はか》り、裁可された。

要領は武力発動を十二月初めと決めた。しかし、それでも対米交渉の余地は残し、日本が示している「甲案」と「乙案」で、十二月一日午前零時までにまとまれば、武力発動を中止すると定めた。

中国との和平後に中国本土と仏印（ベトナム、ラオス、カンボジア）から撤退するとした「甲案」と、仏印からの撤退を条件に石油輸出の再開を求めた「乙案」を提示していた。しかし、米国は十一月二十六日、国務長官のコーデル・ハルが通称「ハル・ノート」を提示。仏印や中国からの無条件撤退や中国において蔣介石の国民党政府のみを承認することなどが記され、中国を一九三一（昭和六）年の満州事変以前に戻せという厳しい内容だった。

これでは日本はのめず、開戦は決定的となった。十二月一日の御前会議で対米英オランダ開戦を正式に決定した。

戦局が切迫感を増し、「鈴谷」の動きも慌ただしくなるにつれ、「出港時一〇〇米遅れた」

「十五日一五〇〇より戦闘訓練」と最後の訓練や作業内容が記され、木村のメモも詳細になる。

第七戦隊は馬来《マレー》部隊（指揮官　小沢治三郎）に属し、陸軍と協同し、マレー攻略作戦に当たることになった。集合地の海南島三亜に向けて、広島・呉を出港する直前の木村の日記からメモ書きであるが、緊迫した雰囲気が伝わってくる。

・二十日〇八三〇頃出港予定　休暇をとりいる者は十九日に帰艦するよう改めて通知すること　手紙厳重　機密保持

・魚雷装気全部調整共

　被服糧食は四カ月分

・内火燃料一カ月以上

・魚雷用燃料三十五、六本分以上

・行動用潤滑油は半年分以上

・電球はたくさん積め

・積み込みを黙って変えないこと

木村は燃料一カ月、食料四カ月、オイル半年は補充できない長期戦になるとみていた。

十二月一日の開戦正式決定を受け、翌日の二日午前、海南島三亜で待機していた馬来部隊は旗艦「鳥海《ちょうかい》」に各指揮官を集め、最後の作戦打ち合わせを行った。

・開戦日Y日　モルツア諸島、ハウランド、ツツイラ、フィジー、スラバヤ、ラバウル、

アンダマン諸島　通信長へ

通信長に暗号や地名を徹底する必要性を感じたのかもしれないが、木村の日記にはこれしか書かれていない。開戦を前にした心境を軸に書いている。

百錬持満数千隻
皇師艨艟将雄発
昭和辛巳晩秋　昌堂

辛巳は昭和十六年で、三亜に集結した馬来部隊の勇壮な様子を見た心境で、「将に雄発せんとす」である。

十二月四日午前六時、露払いの掃蕩《そうとう》隊が三亜を出撃。護衛隊本隊の「鈴谷」は駆逐艦「磯《いそ》波《なみ》」「綾波」「浦波」「敷波」の四隻に先導された輸送船団（十八隻、陸軍約二万）の左前方約三十海里の位置を保ち、マレーに向かい、航行を続けた。この日の天候は晴れ、視界三一キロ、風速五メートルと申し分のない航海日和だった。

日本軍は米軍に大打撃を与え、戦意を喪失させることなどを条件に考慮した結果、山本五十六《やまもといそろく》連合艦隊司令長官の強い意向もあり、ハワイの真珠湾を奇襲攻撃し先手を打つことが決まっていた。

十二月八日午前一時三十分（日本時間）、オアフ島の北四百二十六キロの洋上から第一次攻撃隊百八十三機が発艦、日曜日の朝の真珠湾に突入した。米艦隊の無防備な姿を見た淵田《ふちだ》美津雄《みつお》攻撃隊総指揮官は「トラ　トラ　トラ」（ワレ奇襲ニ成功セリ）の電文を打った。米軍は慌てふためいた。七時五十八分、ワシントンに向け、平文が打たれた。
――真珠湾に空襲　これは演習ではない

真珠湾攻撃の二日前の六日午後一時四十五分、南下を続ける馬来部隊上空に航空機を発見した。いったん遠ざかったが、午後二時十五分に再び上空を旋回し、横向きになったところで英国機と識別された。英国機は午後三時まで、馬来部隊の偵察を続けた。

十二月八日午前零時の開戦が決まっていたが、致し方なく指揮官の小沢は第一、第二航空部隊に対し、命令を下した。

「英大型機接触中、撃墜せよ」

戦闘機二機が出撃。しかし、英国機を捕捉できなかった。上空を一時間以上も旋回された後の撃墜命令は、真珠湾攻撃が頭をよぎった小沢の逡巡を示しているのではないだろうか。

このときの判断について、小沢は戦後にこう語っている。

「敵機に発見されただけならともかく、その接触持続をみれば。ハワイ奇襲を考えぬではなかったが、これ位で破綻するとも考えられず、むしろ心配しすぎ位に考えていた」

英国機を取り逃がしたことで、小沢は「英国軍の反撃を予想し、英国軍との戦闘を覚悟し、機を失せず、攻撃せよ」との命令を全軍に下した。

七日午前九時十五分、索敵していた第二航空部隊の航空機が英国軍哨戒飛行艇をベトナム沖で発見。午前十時十五分、陸軍戦闘機が撃墜した。シャム湾では真珠湾攻撃よりも一日早く、開戦していたことになる。

八日未明、戦闘管制下のうす暗い「鈴谷」艦橋で、通信士の真島候補生が木村に対し、懐中電灯の明かりを頼りに勅語と連合艦隊司令長官の激励電を読み上げた。読みながら、真島は涙が止めどもなく流れた。

――皇国の興廃かかりてこの征戦にあり　粉骨砕身各員その任をまっとうすべし

この報告を木村がどのように受け取ったかは定かでない。海軍兵学校に入学して以来三十一年、まさに国家存亡の危機にあって、強い思いは真島以上だっただろうが、いつもと変わらぬ表情で報告を受けたに違いない。

木村はすでに髭に白いものが混じる五十歳の「干城」であった。

マレー上陸作戦も真珠湾攻撃の一時間五十分前に始まった。山下奉文《やましたともゆき》率いる陸軍第二十五軍第十八師団がマレー半島東岸コタバルに上陸。同じころ、タイのパタニ、シンゴラにも上陸し、英国東洋艦隊の拠点、シンガポールを目指して南下を始めた。

同じ八日、英国東洋艦隊の主力艦「プリンス・オブ・ウェールズ」「レパルス」と四隻の駆逐艦がシンガポールを出撃した。

翌九日午後三時十五分、潜水艦が北上する英艦隊を発見した。巡洋艦しかない馬来部隊と違い、「プリンス・オブ・ウェールズ」と「レパルス」の二隻は英国が誇る最新鋭の戦艦だった。

十日午前十一時四十五分、索敵機がマレー半島沖で英艦隊を発見した。

「敵主力見ゆ北緯四度東経一〇三度五五分針路六〇度」

この第一報を受け、ベトナムのサイゴンから元山航空隊、ツダウムから美幌航空隊と鹿屋航空隊の陸上攻撃機八十五機が殺到、象に群がるハイエナのごとく、三度にわたる猛爆撃を仕掛けた。午後二時三分に「レパルス」沈没、その四十七分後に「プリンス・オブ・ウェールズ」が沈没した。

この夜、「鈴谷」の運用長である前田一郎は艦長室に呼ばれた。何事かと戸惑う前田の前で木村は緒戦に大勝した喜びを一気に書き上げた。

奇襲剿滅《そうめつ》布哇《ハワイ》州
邀撃《ようげき》覆没馬来《マレー》沖
劈頭《へきとう》震駭満天下
安 知《いずくんぞしらん》百練期此秋《このときをきす》

このマレー沖海戦について、英国のチャーチル首相は「あらゆる戦いのなかで、最大のショックを受けた」と語り、強大な戦力を失った英国は約三カ月後にシンガポールも失ってしまう。

真珠湾攻撃は、四百キロ以上も離れた洋上の航空母艦から飛び立った航空機攻撃を仕掛ける機動作戦により、世界に衝撃を与えた。真珠湾攻撃は停泊した軍艦に対する奇襲攻撃だったが、マレー沖海戦は戦闘態勢にある戦艦を航空機が攻撃し、撃沈させたことで改めて航空機の威力を世界に認識させた。

この海戦で目を覚ました英米は航空機製造に注力するが、本家本元であるはずの日本は「大和」や「武蔵」など大艦巨砲主義から抜け出せず、ついに敗戦を迎えることになる。空母に至っては開戦後、建造に着手した艦は一隻もなく、日本は二つの歴史的作戦から何も学ばなかった。

牟田口廉也

日本軍は昭和十七（一九四二）年一月二十日、ビルマ進攻を開始した。二月十五日には、山下奉文率いる陸軍第二十五軍がシンガポールを攻略した。

木村艦長の「鈴谷」が所属していた馬来部隊は三月十九日から、「鈴谷」の護衛の下、陸軍第十五軍をシンガポールからビルマに輸送。四月二十八日のラングーンまで、輸送船延べ百三十四隻で第十五軍二個師団ほか陸軍部隊をビルマに送り届けた。

木村が護衛し、輸送した兵士の多くは二年後、インパール作戦に参加した。ビルマ占領の目的は「援蔣ルート」と呼ばれる連合軍の中国軍支援ルートの遮断だった。

しかし、すでに英印軍はインドから中国・昆明《こんめい》に達する空輸ルートを確保していたため、日本軍の攻略目標はビルマからインドに移り、日本軍は英印軍の拠点だったインドのインパール攻略に変更された。しかし、昭和十八（一九四三）年九月に、いったん準備命令を出したが、決行は昭和十九（一九四四）年三月までずれ込んだ。

二千メートル級の山岳地帯を重装備で進軍できるのか。食料や弾薬の補給はできるのか。第十五軍司令官の牟田口廉也《むたぐちれんや》はそんな反対意見を封じ、作戦が強行された。

第三十一師団がアッサム地方からの補給路を断つためコヒマを占領し、第十五師団と第三十三師団がインパールを攻略する作戦だった。三週間分の食料・弾薬しか携行できないため、三週間以内にインパールを攻略する必要があった。しかし、インパールを八十八日間包囲したが、補給が絶たれ、食料・弾薬が底を尽き、全軍壊滅状態に陥った。

それでも、作戦続行に固執。第三十一師団が独断退却を始め、牟田口は師団長の佐藤幸徳《こうとく》を解任、さらに二人の師団長も解任した。三師団の師団長三人が途中解任される異常事態となって、ようやく作戦中止が決まった。指揮官の無能さをさらけ出した作戦だった。

十万人の参加兵士のうち三万人が死亡、戦傷病者は四万五千人。敵と戦った戦死ではなく、多くは飢えとマラリアなどで死亡した戦病死だった。

指揮官として、木村と対を成す存在である牟田口のことにさらに触れたい。

牟田口は昭和十二（一九三七）年七月の盧溝橋《ろこうきょう》事件で、現場の支那駐屯歩兵第一連隊長であり、戦闘命令を下した。回想録でこう記している。

――盧溝橋事件のきっかけを作ったが、事件はさらに拡大して支那事変になり、ついには大東亜戦争にまで進展してしまった。もし、今後自分の力によってインドに進攻し、大東亜戦争に決定的な影響を与えることができれば、大戦勃発の遠因を作ったわたしとしては、国家に対し申し訳が立つ。男子の本懐としても、まさにこの上なきことである――

指揮官の個人的理由のために十万の兵士が、病苦に苦しめられながらもインパールを目指した。

牟田口は作戦が始まった二カ月後には続行不可能と判断したが、それでも撤退しなかった。五月になり、食料も弾薬も尽きた第三十一師団が独断で撤退を始めた。六月六日、牟田口はビルマ方面軍司令官の河辺《かわべ》正三《まさかず》中将と面会した。

「作戦は断念すべき時機であると咽喉《のど》まで出かかったが、どうしても言葉にすることができなかった。私はただ私の顔色によって察してもらいたかった」

七月一日、インパール作戦の中止が決まり、八日、ようやく撤退が開始されたが、食料もなく、敗走する道ばたには日本兵の遺体が放置。白骨街道と呼ばれた。

撤退途中の七月九日、佐藤は抗命を理由に師団長を解任された。作戦中、牟田口は残っている将校に訓辞した。

「佐藤の野郎は食う物がない。撃つ弾がない。これでは戦争できないというような電報をよこす。日本軍というのは神兵だ。神兵というのは、食わず、飲まず、弾がなくても戦うもんだ。それが皇軍だ」

——第一線部隊をして此に立ち至らしめたるもとは実に軍と牟田口の無能の為なり

この電報を送った第三十三師団長の柳田元三も解任、第十五師団長の山内正文も病気を理由に解任された。現場の師団長全員が解任されたことになる。

クンタンまで撤退してきた佐藤は第十五軍司令部に怒鳴り込んだ。

「牟田口はいるんだろうな」

留守という参謀と押し問答が続いた。

「どうぞ私を切ってください」

参謀がひざまずき首を差し出した。

「貴様のような者を切ってもどうにもならん。俺は牟田口をたたき殺すんだ。牟田口に会わせろ」

佐藤は抗命罪に問われることは独断で撤退を決めたときから覚悟の上で、軍法会議の場で、インパール作戦と牟田口を糾弾《きゅうだん》するつもりだった。

佐藤は軍法会議にもかけられず、「心神喪失」という病気を押し付けられた。佐藤は診察を勧める軍医に向かって言った。

「私はこの通り健康です。コヒマの勇将にはなはだ非礼ではありませんか」

骨髄採取まで行われる診察が三日間続き、精神病という形で事を丸く収めようとしていた。

佐藤はインドネシアにあった第十六軍司令部付きを命じられ、ジャワ島に幽閉された。

撤退が始まったころ、牟田口が参謀にぼそっと言ったという。

「これだけの作戦の失敗をしたら、わしは腹を切らねばならんのう」

「昔から死ぬ、死ぬといった人に死んだためしがありません。司令官としての責任を真実、感じておられるのなら、黙って腹を切ってください。だれも邪魔したり、止めたりいたしません。心おきなく腹を切ってください」

牟田口はインパール作戦の失敗の責任を形式上取るため、予備役に編入されるが、その後、陸軍予科士官学校の校長になった。その予科士官学校で訓辞した言葉が残っている。

――最近は現場の責任指揮官、特に師団長にろくなやつがおらん。だから負け戦が続くんだ――

敗戦後、牟田口は戦犯容疑で逮捕されるが、日本軍に甚大な損害を招き、英国軍の作戦遂行を容易にしたという理由で不起訴処分になった。かつての部下が語っている。

「死んだ兵隊たちにすまなかったと頭を下げたことは死ぬまで一度もなかった」

部下の葬儀会場で自分にいかに責任がなかったかという手作りの冊子を配布したこともある。一度も自らの責任について言及せず、「作戦の失敗は部下のせい」という自己弁護に終始した余生を送り、昭和四十一（一九六六）年、七十八歳で死去した。

牟田口は部下の命よりも、自らの功名心を大事とした。というよりも、「十万人の兵士」は数字上の兵力というだけで、十万人それぞれの兵士が命ある人間に思えていなかったとしか考えられない。会社員にとって、上司は選べないとよく言われるが、戦争では指揮官次第で、すぐに死に直結するだけに極めて重要であり、悲劇も生む。

それどころか、部下からは命令に背かれた上、「牟田口を出せ」と怒鳴り込まれた。参謀には「どうぞ腹をお切りください」と言われた。上意下達の軍隊では到底考えられない光景である。

さらに、牟田口は撤退は自らの失策を公表してしまうことになるとして、最後まで拒んだ。最後には部下の独断で撤退が始まり、やむなく認める形になるが、その部下も途中、解任する。撤退イコール負け戦という日本軍の形にこだわったために、作戦中止が延び延びになり、被害が拡大し、犠牲者も膨大になった。少なくとも作戦の失敗が認識できた四月末に撤退命令を出していたら、どれほどの兵士が生きて日本に帰ることができただろうか。

物語は再び木村昌福に戻るが、この牟田口廉也のことを頭の片隅に置いて、進めたい。

撃っちゃいかんぞお

ビルマ攻略作戦の輸送船団護衛の任務を終えた馬来部隊は昭和十七（一九四二）年三月二十六日、ビルマ南部のメルギーに入港した。

「鈴谷」もメルギーに一週間停泊し、上陸も許可されて穏やかな日々を過ごした。

艦長の木村を含む手空きの乗員総出での市街見学もあり、全員半袖半ズボンの防暑服姿で、小高い丘の上にある釈迦の涅槃《ねはん》像を参拝することになった。涅槃像までは二百段ほどの階段があり、土足厳禁となっていた。階段には犬や猫の糞もあり、士官が拙い英語で交渉するが、らちがあかない。

「こういう宗教的環境では、その風俗習慣に従うのは当然だ。みんな靴を脱げ」

木村の一声で、全員が素足で恐る恐る糞をよけながら階段を上ることになった。

木村は好物の椰子の実の調達も命じた。海南島でも部下に差し入れをしたが、そのとき、どうにも椰子の実の青臭さを受け付けない者がいた。それを見た木村は笑いながら言った。

「これからの海軍は椰子を食べられないようでは務まらんぞ」

どんな嫌な人物にも寛容な木村であったが、環境にも寛容で順応性の高さの証明でもある。

メルギーでは休息だけでなく、次の戦闘に向けた準備も怠りなく進めた。
・平常使用の機会少なき兵器器具等の手入れ、作動検査をなすこと
・実例、三月二十六日移動喞筒《そうとう》使用したるところ二台とも故障にて使用不能なりし件
日記にはこう記され、乗員に日々の点検検査の重要性の再確認を求めた。

南雲忠一《なぐもちゅういち》率いる機動部隊と協同でインド洋の制海権を制圧する目的で、四月一日、メルギーを出港した。機動部隊は予定通り五日朝、英東洋艦隊の拠点であるセイロン（スリランカ）のコロンボを空爆した。十時四十六分に「コロンボ空襲」という敵の無線を傍受した「鈴谷」からも索敵機が発進した。

翌六日午前九時四十分、「鈴谷」は敵輸送船六隻を発見。九時五十二分から十一時五十分

の間に全船を撃沈した。輸送船ということもあり、反撃はほとんどなかったが、砲撃では命中してもなかなか沈没しない状況に業を煮やした魚雷担当の水雷長が「魚雷戦準備整っています」と木村に申し出た。

「おれも水雷屋だ。水雷科の気持ちはよくわかるが、これしきの相手に魚雷を撃つのはもったいない。もうすぐ沈没する」

木村の考え方は、この作戦で消耗した砲弾数に表れている。僚船「熊野」の主砲三百三十三発に対し、「鈴谷」百九十発、高角砲百八十六発に対し、六十四発だった。日記でも触れている。

——消耗弾数制限について充分なる考慮を要す魚雷において特に然り——

作戦終了後、木村は乗員を集めて訓辞した。

「戦争の前途は長い。機会はあるだろう。ますます技量を磨いて次の機会に備えよう」

飛行科や砲術科と比較し、活躍の場が得られなかった水雷科を慰めた。

輸送船攻撃では接近し、高角砲で船の底部を狙い撃ちにして、人的被害を少なくし、船だけを沈没させる戦法を取った。

砲撃を受けた輸送船からボートが降ろされた。双眼鏡で確認すると、ボートには船長ら数人の白人がおり、インド人が白人を隠すように取り巻いているのが見えた。

主砲と高角砲、機銃がいつでも再砲撃できる態勢を取っていた。

「撃っちゃいかんぞお」

木村の大声が艦橋に響き渡った。ボートに照準を合わせていた砲撃手以下、全員あっけにとられた。ボートが輸送船から安全な位置まで離れたのを確認して、再び、木村が叫んだ。

「よし、砲撃せよ」

敵輸送船六隻とも、乗員が退去したのを確認してから、沈没させた。

この光景を目の当たりにした部下は感激した。運用長の前田一郎である。

「たとえ戦意を喪失した者や非戦闘員であっても、戦場で敵側の命を守るために、身を挺してその前に立ちはだかるなど、ふつうの人間にできることではない」

水雷長の二ノ方兼文（海兵五十九期）も「艦長の非戦闘員に対する配慮に深く敬服した」と語っている。

部下の命も、敵兵の命も分け隔てなく考え、戦争は命を賭けた戦いではあるが、無駄に命を捨てる必要もなく、奪う必要もないとする。木村のこうした姿勢は若いときから一貫し、変わることはなかった。

第五章　キスカ、アッツ占領

ミッドウェー作戦

真珠湾攻撃から始まった日本軍の快進撃はフィリピン、ボルネオ、マレー、ビルマと次々と進攻、昭和十七（一九四二）年二月にシンガポールを占領した。

しかし、信じられないことだが、日本は石油確保のため南方の英米蘭の植民地を占領した後の作戦は考えていなかった。石油禁輸措置で窮鼠《きゅうそ》猫を嚙むように戦端を開き、その後のことは空白のまま突っ走ったことになる。

陸海軍ともにこれまで損害は少なく、石油資源の十分な量の確保が確実として、三月七日の連絡会議で「守勢ではなく、さらなる攻撃戦略体制にすべし」と決まった。

この決定に従い、海軍は米軍に反攻基地を作らせないために、オーストラリア占領を提案した。しかし、陸軍がオーストラリア占領に必要な十二個師団を割くことはできないとして海軍の主張を突っぱねた。このあたりから徐々に陸軍と海軍の間に齟齬《そご》が生まれてきた。

海軍は代案として、米国とオーストラリア間の海上、航空ルートを遮断するため、フィジーとサモア占領を目指す「F・S作戦」を提案し、陸軍と協同で作戦立案が行われている最中に浮上したのが、連合艦隊が提案したミッドウェー攻略作戦だった。

当初、陸軍の参謀本部に相当する軍隊の作戦や用兵を指導する海軍軍令部は、攻略後の補給と敵の反撃に対する防衛に問題があるとして、反対の立場だった。

しかし、軍令部は連合艦隊の山本五十六司令長官の強い意向と知らされ、強く反対していた真珠湾攻撃が成功したこともあり、認めざるを得なかった。陸軍も、海軍だけでも作戦を行うと脅され、渋々と部隊編制に取りかかった。

運命のミッドウェー作戦を後押しする事件が起きた。ドゥリットル空襲である。

日本は米軍が日本本土を空襲する場合、空母で本土から五百キロ近くまで接近し、早朝に攻撃機を発艦させるとみていた。このため、本土から千三百キロを敵の動きを監視する哨戒線として漁船を改造した監視船二十隻が双眼鏡で監視していた。

乗組員は少尉クラスの船長と通信兵数人で、装備は小銃数丁と通信機のみの丸腰で、敵発見はそのまま死を意味した。決死の監視である。

昭和十七（一九四二）年四月十八日未明、監視に当たっていた第二十三「日東丸」と「長渡丸」が「敵発見」の急報を送ってきた。

米軍も本土から千三百キロも離れた海上で監視しているとは思わなかった。米軍はすぐさま「日東丸」を砲撃、乗組員全員が死亡した。「長渡丸」に対しても航空機が攻撃し、沈没させ、海上で漂流していた五人を捕虜とした。

米軍は計画変更を余儀なくされた。空母「ホーネット」は本土から千二百キロの地点まで接近し、午前八時、陸軍中佐ドゥリットル率いるB25爆撃機十六機が東京や名古屋、神戸に向け発進。B25はレーダーを避けるため低空を飛び続け、十三機が東京、二機が名古屋、一機が神戸を襲った。

日本では、低空を飛ぶB25を見てもだれもが米軍機と思わないほど、完全に虚を突かれた。爆撃が始まってから初めて敵機来襲に気づき、空襲警報が鳴り響いた。だがそのときには敵機は北西に飛び去った後だった。

十六機のうち一機はソ連のウラジオストックに着陸、十五機は中国・麗水に不時着した。飛行隊を指揮したドゥリットルは昭和四（一九二九）年に操縦席を目隠ししたまま離陸、旋回、着陸に成功した伝説のパイロットである。空襲の際も「ホーネット」には十六機が艦載されていたため、先頭のドゥリットル機の滑走距離は百四十メートルしかなかった。それでも発艦する腕を持っていた。ドゥリットルは初空襲成功で昇進、戦後はシェル石油副社長を務めた。

空襲の被害そのものは大したことはなかったが、本土空襲とくに東京が空襲された衝撃は大きかった。

——かねて東京ないし、本土空襲は断じてなさしむべからずという余の矜持をいたく害せられたること無念至極なり——

と連合艦隊参謀長の宇垣纏《うがきまとめ》はこの日の日記に書き記している。

米軍の航空部隊を本土に近づけないという理由がミッドウェー作戦実行の根拠となり、航空機による哨戒線を拡大させる目的でアリューシャン列島のアッツ島とキスカ島攻略も加わり、ミッドウェー作戦そのものが拡大してしまった。

戦局の転換

五月二十七日、日本軍機動部隊が広島湾を出航した。合わせて二百六十機を搭載した空母「赤城《あかぎ》」「加賀《かが》」「飛龍《ひりゅう》」「蒼龍《そうりゅう》」など百五十隻の艦艇、参加兵士十万人。まさに海軍にとって雌雄を決する戦いと位置づけられていた。

六月五日、午前一時三十分、第一次攻撃隊百八機が四隻の空母を飛び立ち、ミッドウェー島の米軍基地を攻撃した。第二次攻撃の準備をしているとき、「敵艦発見」の報告があり、陸上攻撃用爆弾から艦船を攻撃する魚雷に変える作業が終わった。そのとき、米軍の爆撃機が飛来、出撃準備のため魚雷を抱えた燃料満タンの九九艦爆や九七艦攻が次々と炎上、瞬く間に「加賀」「飛龍」が炎上。続いて「赤城」も炎上した。

この海戦で空母四隻とすべての搭載機を失い、二千三百人の戦死者を出し、圧倒的に不利な立場に追い込まれた。

木村の「鈴谷」が属していた第七戦隊はミッドウェー攻略部隊の支援隊として、五月二十二日、山口・柱島《はしら》を出航。空母四隻が炎上した五日、「鈴谷」にミッドウェー砲撃の命令が下った。艦内は陸上砲撃の準備に奔走し、ミッドウェー海域まで後二時間に迫った午後九時三十五分、「砲撃取り止め」を入電。第七戦隊は反転し、トラック諸島に引き返すことになった。翌日、航行中の僚艦「最上」と「三隈《みくま》」が衝突。「鈴谷」は先行することになったが、その後、速力の出ない両艦は米軍の攻撃を受け、「三隈」が大破して多くの戦死者を出した。第七戦隊はミッドウェー島付近まで急行したが、機動部隊壊滅で反転、味方同士の衝突事故で米軍の餌食となった。ミッドウェー海戦に参加したともいえない有様だった。

木村の日記には三カ月後、ようやくミッドウェー海戦のことが記されている。だれもが意気消沈する惨敗と僚艦同士が衝突する不祥事とが相まって、書く意欲を失っていたのかもしれない。書いたのは海戦の報告書を読んだ後だった。

――三隈最上の乗員も奮闘せり　下級者は技倆は卓越しあること斯くの如し　唯一主脳部の者の過誤によりて此惨事を惹起し　貴重なる艦艇を喪失毀損し　忠勇技倆卓越の下級士官、下士官を失えり　吾等上級士官たるもの肝に銘すべきことにこそ――

木村が他人を悪く書くことなどめったにないが、上官の判断ミスが衝突の原因となった点を自戒を込めて非難している。

電信兵

「ミッドウェーで日本艦隊が全滅に近い損害を受け、作戦は中止になるかもしれない」

ミッドウェー作戦惨敗の報は、六月六日になり、東太平洋はるか北方の小野打数重の耳にも届いた。

陸奥《むつ》湾の大湊を出港した輸送船「球磨川丸《くまがわまる》」は東に針路を取っていた。

「今回の作戦はアリューシャン列島のキスカ島、アッツ島を攻略することにある。海軍はキスカ島、陸軍はアッツ島を占領する。諸君の奮闘を望む」

その島がどこにあるのかさえ、だれも知らない。もちろん小野打も知らない。そんな孤島だった。

小野打の左腕にはモールス信号を送る電信機である「電鍵」のマークが付いていた。電信兵の証である。

小野打は大正九（一九二〇）年四月二十日、京都市に生まれた。昭和十五（一九四〇）年八月、徴兵検査第一乙種合格で海軍入隊。舞鶴海兵団を経て、翌昭和十六（一九四一）年三月十五日、海軍横須賀通信学校に入校した。

通信学校での教育はとにかく電信符号を覚えることだ。班長が教壇で電鍵を打つと、生徒のレシーバーの受話器に入る。「トツー」で「伊藤」、「トツートツー」で「路上歩行」、「ツートトト」で「ハーモニカ」。符号を聞くと瞬時に字が浮かぶようになるために、寝て目をつむるまで符号を覚える。

「できないと殴られるから必死。週間テストでも成績が悪いと個人的に絞られますし、とにかく『トンツートンツー』。民間では三年間で学ぶ内容を九カ月で終わらせるのですから、日常生活全部が『トンツートンツー』でしたね」

最初の三カ月は「符号を覚える」。一分間に六十字送受信できる」で、次の三カ月で「機械の操作と一分間八十字送受信できる」、最後の三カ月で「英文の送受信、暗記送受信、一分間で百字の送受信」が求められていた。

開戦を控えた速成教育のため、海軍なら必修のカッター操艇もほとんどなく、訓練で三十発くらいしか銃弾を撃ったことがない兵士として、「電信機」だけを担いで前線に送り込まれた。

卒業後、昭和十七（一九四二）年五月二十五日、海軍舞鶴鎮守府の第三特別陸戦隊に所属となった。四日後には舞鶴を出港した。

「両親が見送りにきてくれましたが、行き先も知らされないままでした。ミッドウェーに行くという噂がありましたが、防寒服が積み込まれていましたんで、寒い所やないかと思っていました」

海軍通信学校を卒業した小野打数重。左袖に電信兵の証「電鍵」のマークがある。

行き先は寒いどころか、一本の木も生えない極寒の地。当時の小野打が想像もできない悲惨きわまる孤島だった。

ミッドウェー作戦はミッドウェーを攻撃する二日前の六月三日、はるか北方のアリューシャン列島ウラナスカ島のダッチハーバー攻撃に端を発した。三日午前二時四十三分、第五艦隊の二隻の空母から発した爆撃機二十三機と零戦十二機が米軍基地を爆撃した。

小野打が乗り込んだ輸送船に無電室はあったが、小さいため、船員食堂に無電室を開設し、小野打らは昼夜交代で当直に立っていた。

「常に無電を傍受しているので、ミッドウェーで機動部隊がひどいことになっているというのはすぐにわかりましたよ。そんなことは口に出せるはずもなかった」

惨敗の報が第五艦隊にも届いた。アッツ島、キスカ島の攻略作戦はミッドウェー攻略の陽動作戦として考案された。ミッドウェー作戦の失敗が明白となったにもかかわらず、作戦を継続する意味があるのか。六日朝になり、連合艦隊から作戦実施の命令が届いた。

「明日、予定通りキスカ島敵前上陸を決行する。同時に陸軍部隊がアッツ島を攻略する」

命令に従うだけの小野打に何の感慨もなかった。「いよいよか」とだけ思った。

七日の夜明け前、小野打ら電信兵を乗せた「大発」が上陸地点に到着。船首の板が倒れ、次々と兵士が上陸を始めた。

大発は大型発動機艇の略で兵士七十人を輸送できる、世界に先駆けて開発された上陸専門の小型艇。倒れた板が渡り板になるため、小野打も海水につかることなく、キスカ島の柔らかいツンドラを踏みしめた。

「上陸成功と打電せよ」

移動電信機を担いだ小野打に命令が下った。

△キスカ島に上陸した日本軍。昭和17年６月、海軍報道班撮影。
▽出撃前に訓示を受けるキスカの海軍航空兵。

白々と夜が明け始めたが、「敵はまだ気づいていない」。軍艦旗を持った兵士や副官の後に電信兵が続く。小野打の緊張はピークに達した。

キスカ湾正面から上陸した海軍陸戦隊は真っ直ぐに米軍電信所を襲った。陸戦隊は機関銃で威嚇射撃をして電信所に近づいたが、もぬけの殻。気象通報を任務としていた米軍隊員は上陸を察知したと同時に電信所を放棄、洞窟に逃げ込んだ後だった。隊員は数日後に投降し、日本に護送されたが、敵はわずか十人だけだった。小野打は後から知らされ、「なんや、戦闘もないはず」と拍子抜けした。

翌日の八日、陸軍の北海支隊が上陸したアッツ島も米国人夫婦とアリュート人三十七人がいるだけで、当然のように「無血上陸」だった。

小野打は米軍電信所で通信整備作業に入り、その日のうちに北千島の幌筵島《ほろむしろ》との通信が可能になった。電信所では米軍が残したオイルストーブをそのまま使い、設営隊は周囲にツンドラをかぶせた半地下式の兵舎を次々と建てていった。

「いつまでここにというような気持ちはなかったですな。戦争ですからどこに行っても戦場しかありません。生きて帰れるのかいなあ、くらいの気持ちはありましたけど」

電信所の星条旗が下ろされ、代わりに軍艦旗が掲げられた。現在に至るまで、最初で最後となる米国領を占領した長い長い一年が始まった。

アッツ島占領もキスカ島占領もミッドウェー作戦に何の影響も与えず、米軍に対する牽制にもならなかった。

しかし、大本営発表は違った。六月十一日の朝日新聞には「東太平洋の敵根拠地を強襲」「ミッドウェー沖に大海戦」「米空母二隻撃沈」と日本軍圧勝の見出しが躍っている。「わが二空母、一巡艦に損害」と、実際には空母四隻と全搭載機を失うという日本海軍始まって以来の大敗にもかかわらず、軽微な被害と報じている。

大本営報道部は戦果報告を受けた後、案文を作成し、海軍大臣と陸軍大臣の承認の上、発表した。ミッドウェー海戦では負傷者は横須賀の病院に隔離、肉親との連絡も禁止され、情報漏れを防いだ。

「アリューシャン列島猛攻」「北方侵略線遂に崩る」とあたかも大激戦の末、米軍の戦略拠点を占領したかのように記事は書かれている。

さらに、北太平洋の地図を掲載、ダッチハーバーから米本土サンフランシスコまでの距離二千三十九海里で、ハワイからの二千百海里よりも近く、本土攻撃の際の拠点となるとしている。ミッドウェー海戦の惨敗から国民の目をそらすため、「米本土占領」と宣伝するため、アッツ島二千五百人とキスカ島五千百八十三人は利用された。

ガダルカナル島

キスカ島から八千キロ離れたガダルカナル島の飛行場を奪い合う激しい戦闘が繰り返され

ていた。

ミッドウェー敗戦で中止になったフィジーとサモアを占領する「F・S作戦」の代案として、海軍はソロモン諸島の東端にあるガダルカナル島に進出、昭和十七（一九四二）年七月には飛行場建設を始め、米軍の攻撃もなく八月に完成した。

しかし、米軍は攻撃しなかったのではなく、完成を待っていた。八月七日、米軍が上陸、わずか三百人の海軍陸戦隊ではどうにもならず、あっという間に占領されてしまった。工事に携わっていた海軍の設営隊二千五百人はジャングルに逃げ込んだ。半年にわたる「ガダルカナルの戦い」の始まりだった。

ガダルカナルの戦いは前述したインパール作戦と並ぶ悲惨な戦場だった。輸送船団がことごとく壊滅、補給ルートを絶たれ、武器弾薬はもとより、食料も届かず、マラリアに苦しめられて「餓島」という当て字が使われた。死者二万人以上の多くが戦病死であり、追い詰められた末での撤退など、インパール作戦と重なり合う部分が多い。

真っ直ぐに行け

第七戦隊はこのガダルカナルの戦いに参加していた。昭和十七（一九四二）年十月二十六日、陸軍の第三次総攻撃を支援するため、ガダルカナル島沖で敵空母機動部隊の警戒に当たっていた。

午前四時五十分、索敵機から敵空母機動部隊発見の報が入った。空母「ホーネット」「エンタープライズ」を中心にした戦艦、巡洋艦、駆逐艦合わせて二十一隻からなる大艦隊だった。

日本軍も空母「翔鶴《しょうかく》」「瑞鶴《ずいかく》」を中心に合わせて四十五艦が迎え撃った。後に「南太平洋海戦」と呼ばれる海戦は夜半まで続き、「ホーネット」を撃沈、「エンタープライズ」を中破した。日本軍に沈没艦はなく、形の上では勝利したが、ガダルカナルの戦いに寄与することはなかった。

木村の日記は二十六日の「南太平洋海戦」について、ごく短く触れている。

――〇七三〇　敵雷撃九機来襲被害なし撃墜もなし危なかりし――

「鈴谷」は機動部隊前衛で本隊の百海里前方を南下中に「敵空母発見」の報を受けた。

――前衛は敵方に進撃せよ

午前六時五分に電令を受け、僚艦とともに反転した。午前七時五分、敵機襲来。艦上機五機を発見し、総員配置で待ち構えていた「鈴谷」が反撃した。

日記にある午前七時三十分。天候は曇り。スコール雲の切れ目から魚雷を腹に抱えた九機が急降下してきた。

七時三十三分二十秒、一機目が魚雷発射。三十四分五十六秒、「鈴谷」の左舷をかすめた。

攻撃は間断なく続く。二機目、三機目、四機目、魚雷を回避した。

三十三分四十秒、五機目となる右前方の敵機が魚雷を発射した。

「面舵《おもかじ》」

航海長は右に避け、魚雷コースに対し横を向くと当たる面積が大きくなり危険性が高まるため、魚雷コースと船体を平行にしようとした。

記録としては同時刻の三十三分四十秒、七機目の左前方にあった敵機も魚雷を発射した。左右同時攻撃だ。そのまま右転回すると、左からの魚雷に対し、真横になり、船体の腹をさらけ出すことになる。難しい。迷った。瞬時の判断である。

航海長が艦長である木村の方に顔を向けた。

「真っ直ぐに行け」

三十三分四十秒、七機目の魚雷は発射直後に沈没。三十五分〇〇秒、五機目の魚雷が艦底を通過した。

「鈴谷」は九機の魚雷をことごとく回避して、無事だった。この間、わずか五分のことだ。よほど危なかったのだろう、戦後になってもしみじみと語っている。

「敵機の攻撃回避はベテランの航海長にまかせていたが、さすがの航海長も瞬間、処置に迷ったのであろう、私の方を向いた。私は間髪入れずに『真っ直ぐに行け』と命令した。われながらうまくいったと今でも思う。直進すれば、回避できるとは思っていなかったが、信頼する部下が迷ったときは、艦長として何らかの指示を与えて、自分の立場、自分の責任を明確にすべきだと思った」

数秒の差で命を落とす判断を迫られた場合、なにが最適かはわからないが、指揮官として判断すべきであることは間違いない。仮にその判断が誤りだったとしても、それは致し方ない。そういうこともある。だが、それでも顔を見合わせた瞬間に相手のことが理解できるほど、指揮する指揮官と指揮される部下の信頼関係が成り立っていれば、責任のなすりつけ合いも起きない。阿吽の呼吸である。乗員三十人の水雷艇から始まった「水雷屋」の真骨頂ではないだろうか。

手作りの襟章

「鈴谷」はガダルカナルから、昭和十七（一九四二）年十月三十一日、トラックに入港した。前日、激しいスコールがあり、「総員スコール浴び方」「洗濯許す」の指示で、戦塵を洗い流した。木村の日記には――トラック入泊一四〇〇頃――とだけある。

翌十一月一日付けで、木村は少将に昇進した。前述したように木村は自分の出世を大佐止まりと考えていた。それが思いもよらぬ少将だ。正式な昇進よりも前の十月八日、トラックで内示の電報を受けたときの話が残っている。

「おーい従兵、おれにもきたよ」

艦長室従兵の岸田忠雄が木村に呼ばれた。あまりの大声に岸田は何事かと艦長室に飛んで行くと、木村は本当に嬉しそうな顔をしていった。

「少将が来たよ」

ニコニコで髭が垂れ下がっていた。

「それはおめでとうございます。お祝いにお酒を用意しましょうか」

「まあ、当分は大佐か」

従兵はハッと気が付いた。前線基地のため、しばらくは襟章と肩章が届かないのだ。岸田は大佐の襟章の桜を二つ取って、二本の金筋を一本に太くし、桜を一つ付けた。ちょっと不格好だが、少将の襟章が出来上がった。さっそく、木村に見せると、また、喜んだ。

「これは大将にもらったようだね」

トラックに入港するまで、木村はその手作り襟章を付けていた。「真っ直ぐに行け」と魚雷回避の指示をしたときも、昇進前だが、襟章だけは少将だったことになる。

——優待と先輩知友の御陰と感謝す　またこの陰に妻の内助　自分の海上勤務を存分延ばし得たり家庭の心配事は探してもなかりし絶大の援助なり——

日記には妻への感謝の気持ちが綴られていた。

十一月三日、連合艦隊司令部から少将の襟章と肩章が届いた。金ピカである。ピッカピッカもいいが、木村は部下が作ってくれた襟章のありがたみを感じていたに違いない。この日の日記は短い。

——宇垣纏参謀長より進級祝いとして肩章一組贈られたり——

第六章　アッツ島玉砕

暗雲迫る

ミッドウェー作戦の陽動作戦だったアッツ島とキスカ島の占領は、米国領に日の丸を立てているという事実以外に戦略的価値もなかった。

潜水艦で細々と補給をしているだけで、地上三十センチがふかふか状態のツンドラの地に飛行場を建設できるはずもなかった。両島を空襲していたウムナック島の米軍飛行場には、米国陸軍工兵隊が米国の技術をかき集め建設した鉄板を敷いた三千メートル滑走路があったが、航空機が発着するたびに鉄板がトランポリンのように飛び上がった。

――頭の空っぽな作戦家はアリューシャン列島を日本と米国間の進攻路とみるだろう。アラスカからカムチャッカ半島に伸びている島々は価値のある要域にみえるが、地図では困難な地勢や荒涼とした気候がわからないのだ。手に入れたところでまったく無意味なのだ――

米国の歴史家のゴードン・プランゲは著書『ミッドウェーの奇跡』のなかで、こう述べている。

しかし、戦局が悪化する一方の日本軍にとっては、国民の戦意昂揚という価値があった。アッツ島を「熱田島《あつた》」、キスカ島を「鳴神島《なるかみ》」と名付け、米国領を占領しているという宣伝に利用した。

現在の京浜急行久里浜線の新大津駅は、昭和十七（一九四二）年十二月に開業した際、駅名を「鳴神駅」と付けられたほどだった。

アッツ島もキスカ島も占領直後から米軍の空爆が一日二回あり、その合間を縫って飛行場建設が続けられた。特にキスカ島に対する空爆はすさまじく、年が明けた昭和十八（一九四三）年になると、一日十四回、延べ八十機以上の爆撃機が飛来した。

潜水艦による補給も途絶え、兵士は栄養失調で顔色は土気色に変わり、髪は産毛のように薄くなった。キスカ島の小野打の軍服も洗うこともなく鉄板のように堅くなった。

海岸の方からシュルシュルという音がしたと思ったら、聞いたことがないような爆撃音とともに炸裂した。艦砲射撃だった。

「南無阿弥陀仏、南無阿弥陀仏」

頭を抱えて、ただ念じるしかなかった。

キスカ島の隣のアムチトカ島に米軍が上陸し、わずか数日で飛行場を建設すると、空襲の激しさが増した。

「毎日、毎日、空襲ですから、もうどうせ死ぬんやな。もうどうでもええわという気持ちでしたわ」

春になり、鮭が川を遡ってくるのだけが楽しみだった。

日本軍は当初から、米軍が奪還しようとするのは米本土に近いキスカ島が先と予想していた。このため、いったんはアッツ島の部隊をキスカ島に転進させた。その一カ月後に北千島の陸軍歩兵大隊が再びアッツ島に移ったが、先の部隊が米軍に再使用されないように兵舎をことごとく焼き払ってアッツ島を去っていたため、島には何も残っていなかった。

昭和十八（一九四三）年四月十八日。陸軍北海守備隊を統括指揮する山崎保代《やすよ》が潜水艦でアッツ島に着任した。山崎は赴任する前、故郷の山梨県都留市にある曹洞宗の保寿院に立ち寄り、知人に手紙を渡した。

部隊の長として　遠く不毛の地に入り
骨を北海の戦野に埋む　真の本懐に存じ候
況《いわ》んや護国の神霊として　悠久の大義に生く決なる哉

遺書である。山崎は死ぬつもりだった。

アッツ島の動静に一番敏感だったのがキスカ島の守備隊だった。アッツ島とキスカ島の距離はわずか三百キロ。日本軍と米軍の無線を傍受していた小野打は隣の島ながら、動きが手に取るようにわかった。それでも、米軍は最初にキスカに上陸して来ると信じ込んでいた。

山崎がアッツ島に到着した同じ四月十八日の午前七時三十三分。南太平洋のブーゲンビル島上空で、米軍機ロッキードP－38ライトニングが一式陸攻二機を撃墜した。一番機には連合艦隊司令長官の山本五十六が乗っていた。山本の遺体は山中で発見された。発表では「顔面貫通機銃創、背部盲管機銃創を被り即死」となっているが、同行者の遺体よりもきれいだったという証言もある。

ラバウルに滞在していた山本は前線基地の士気高揚のため、視察を決め、日時や護衛機などの詳細を暗号で前線基地に発信していた。その暗号はすべて解読されていた。暗号では山本機は午前八時にブーゲンビル島の南のバレラに到着予定で、米軍はそれよりも早い午前七時四十五分着とみて、七時三十五分に撃墜することを決定した。これほどまでに精密に解読されていた。

米軍ではハワイ戦闘情報班から太平洋艦隊司令長官のニミッツに事前に情報が伝えられていた。そのとき、ニミッツが「山本を撃墜して彼以上の指揮官が出る恐れはないのか」と質問すると、情報参謀が「他に代わる人物はいません」と答えたという。四月十五日にはルーズベルト大統領の承認まで取っている。日本軍の情報は丸裸同然だった。

米軍の暗号解読は第十四海軍区戦闘情報班が中心になって行われていたが、ミッドウェー海戦の大惨敗も情報が筒抜けだったことが第一の敗因だった。日本は攻撃地点のミッドウェーを「AF」という暗号で表していたが、米軍が平文（暗号をかけない普通の文）で「ミッドウェーの蒸留装置が故障」という電報を打つと、日本軍は「AFは水不足」という連絡を取り始めた。結果的に日本軍は米軍に迎え撃たれ、戦局が大きく変わる敗戦を喫した。日本軍の位置は時間で五分、距離で五海里の誤差しかない正確な情報だった。

このときでさえ、日本軍は七割の暗号を解析されていたと言われ、戦局が悪化するにつれ、暗号化する意味もないほど正確に解読されていった。

「戦後になって初めてそんな話を聞いたが、暗号がすべて解析されているなんて、全然、信じられない思いでしたな」

小野打は自分たちが必死になって打った暗号文が平文と同様だったのを知って愕然となった。

暗号解析をはじめとする情報戦。弾薬どころか食料も届かない補給。ツンドラと硬い岩盤だけのアッツ島やキスカ島の飛行場建設でさえ、人力でなんとかなると考えていた設営。この三つを軽視していた日本軍が米軍に勝つことができなかったのは当然で、日本軍は近代戦に参加する資格がなかったとも言える。

アッツ島

その日は、早朝からいつにも増して激しい空襲と艦砲射撃が行われた。昭和十八（一九四三）年五月十二日。アッツ島運命の日である。

「当直下士官　サキ受信」

キスカ島の電信室に大声が響いた。アッツ島の海軍派遣通信隊と交信していた電信兵がいっせいに振り返るほどの声だった。「サキ」は「作戦緊急電報」の略で、どんな電報よりも最優先する。当直下士官は渡された受信紙を持って、隣の暗号室に駆け込んだ。

――一〇〇〇　敵北海湾西浦岬西方海岸に上陸中

――一三〇〇　敵旭湾上陸

――一三〇五　旭湾艦船三七隻、西浦二九隻

――一三〇五　有力なる部隊続々上陸中

続々と平文で入電した。暗号に翻訳している暇はない。次々と幌筵通信隊経由で占守島の第五艦隊に通報する。ついに米軍が上陸を始めた。入電するごとに電信室の緊張の度合いは高まる。

米軍は空母一隻、戦艦三隻、巡洋艦三隻などが援護し、一万千人の大部隊で米国領土奪還作戦を開始。間断なく空襲は続き、爆弾とともに降伏を勧めるビラも投下した。

対する日本軍は陸軍二千五百四十七人、海軍九十一人の合わせて二千六百三十八人が守りについていた。

海軍は第五艦隊参謀の江本弘が率い、つい一カ月前まで、小野打とともにキスカで守備についていた派遣通信隊十人も含まれている。小野打は当初、この十人に入っていたが、直前に米軍暗号解析をしていた士官の助言で、別の電信兵がアッツ島に赴任することになった。

四月十五日夜、アッツ島に向け、キスカ島を潜水艦で出港する日の夕食。当番を除く非番の電信兵の歓送会が開かれた。

だれからともなく、戦場となるのはアッツ島かキスカ島という話題になった。

「アッツの方が日本に近い分、心強い。飛行場もキスカよりも早く完成したから、おれはのんびりと酒の肴《さかな》に鮭でも獲っているよ」

アッツ島に向かう下士官が笑った。その話を聞きながら、小野打と同年兵だった電信兵が
「どこに行ってもおれたちが一番使われる兵隊だ。まあ、当分、内地に帰れそうにないな」

と小野打に言った言葉が耳に残っている。

夜明け近くに潜水艦入港の連絡があり、白夜のなかボートに乗って沖合の潜水艦に行く仲間が見えなくなるまで、帽を振った。最後の別れだった。

当初、米軍は米本土に近いキスカ島を最初に攻撃して来ると考えられていたが、四月末から偵察の潜水艦や巡洋艦などが頻繁に姿を現し、「アッツ島が先」との認識に変わった。

だが、制海権、制空権ともに米軍に握られた現状では山崎の再三の補給要請も無視された。タコツボといわれた塹壕《ざんごう》掘りに徹するしかなかった。

米軍はアッツ島攻撃に先立ち、アダック島に三千人収容できる捕虜収容所を建設し、アッツ島は三日で終了するとしていた。

「おまえは傍受班に入れ」

キスカ島の電信室では日本軍の電信を受信する班と、米軍の電信を傍受する班に分かれた。小野打がダイヤルをゆっくりと回すと、ひときわ感度が高い電信がレシーバーから飛び込んでくる。アッツ島からの米軍の使用電波だ。入電した電信を片っ端から受信紙に書き込む。それをすぐに隣室の暗号室で解読する。

大学を出た予備士官が暗号解析の専門教育を受けてキスカに配属されていた。ダッチハーバーからの放送や米艦隊の電信、航空機と航空基地との通信を傍受し、暗号や発信者、着信者などを解析して、米軍の動きを推定し、第五艦隊に情報提供していた。

日本軍からの電信も米軍の電信も止む気配はない。あちこちで電鍵がカタカタと音をたてる。アッツ島の日米軍だけでなく、キスカ島の小野打らも参戦、「トンツートンツー」の電信兵の戦いが始まった。電信室もまた戦場だった。

アッツ島の陸軍を指揮する山崎は島に散らばっている守備隊に伝令を送り、「指示を仰ぐ余裕なきを以て指揮官の意図を明察し、独断積極的に任務を遂行すべし」と伝えた。さらに、敵弾薬庫などを夜間に襲撃し、進撃を食い止めるように指示した。

アッツ島から悲鳴のような電令が次々と発信された。

上空から撮影したアッツ島旭湾。

――米軍旭湾中浜に水上基地を設置せる模様発着頻繁

――北海湾芝台陣地、我が方の損害大きく、陣地を放棄し後退

キスカ島では、その一つ一つを聞き漏らさないように電信兵が三時間交替でレシーバーにかじりついていた。

米軍の電信を傍受していた小野打は米軍の変化に気づいた。

「米軍の電信が途中から、暗号をかけない平文に変わった。米軍も余裕がなくなったんだなと感じましたが、それ以上に日本はもうダメだと思いましたね」

三日で終了するはずだった米軍も時間的余裕がなくなり、戦陣訓にある「生きて虜囚の辱めを受けず」が染みこんだ日本軍の度重なる攻撃に心埋的な圧迫さえ感じるようになっていた。

キスカ島では非番のとき、小野打らは救援部隊がアッツ島に行くかどうかを話し合っていた。結論は「行けない」だった。潜水艦で細々と行き来している現状では、艦船が行けるはずがないということにいつも話が落ち着いた。だが、キスカ島もアッツ島と変わりがないことを思い出し、最後には暗澹たる思いになった。

――銃爆撃により西浦地区はほとんど全滅せり

――地区隊は現陣地の死守任務を完遂せんとす

――陸海秘密図書、暗号書を除く以外全部焼却せり

アッツ島に向かう歓送会の席で同年兵が言った言葉がようやく理解できた。

「まあ、当分は日本に帰れそうにないが、お互いに元気でやろう。アッツに着いても便りはできないが、おれの打つ電信で元気でいると思ってくれ」

同じトーツーでも、それぞれが打つ音色《おんしょく》に個性があり、ああこれはあいつだとわかる。まだ同年兵は大丈夫だった。だが、十八日になると、洞窟に設置していた電信室を放棄した。

――派遣通信隊を含め、海軍部隊は陸軍と合流し、最後の拠点に向かう

移動電信機のため、電波の出力が弱まっているが、どうにか受信できる。

日本軍の激しい抵抗は米軍の予測を大きく超えたものだった。十二日の上陸から四十八時間で米軍は四千ヤード（約三・六キロ）しか進んでいない。十六日深夜になって米軍は指揮官の陸軍少将ブラウンを解任、同じく少将のランドラムを地上部隊指揮官に任命した。傍受でこの解任を知った小野打は敵ながら感心した。

「アメリカは何事も早いな。上陸して五日で指揮官が交代するなんて、日本じゃ考えられま

せん。ああ、違うと思いました」

日本軍の弱点に人事の硬直があった。前述した通り、海軍兵学校と陸軍士官学校のつながりが軍人事のすべてであり、同じ釜の飯を食った「仲間」を更迭するのはどの上司にもためらいがあった。

二千三百人に上る死者を出したミッドウェー海戦大敗の際、機動部隊指揮官だった南雲忠一は自決を覚悟していた。しかし、木村と兵学校同期である参謀長、草鹿龍之介に止められた。草鹿は連合艦隊旗艦の「大和」に出向き、長官である山本五十六に「この仇を取らせてほしい」と直訴し、山本が了承した。

日本軍は年功序列の殻を破ることができなかった。それは役所、企業、学校などあらゆる組織で現代にまでつながっている。

対する米軍は、年功序列や階級よりも「適所適材」が基本であり、優秀な人材をその能力が最大限発揮できる適所に置き、最大の効果を上げることこそが任命権者の役目としている。これもまた、現代に至るまで、あらゆる組織で米国の人事は変わっていない。

五月十八日、陸軍参謀本部第二課長が海軍軍令部を訪問し、「アッツ島放棄」を提案。海軍も同意した。

五月二十日。アッツ島からの再三の援軍要請や奮戦報告に応える形で北方軍司令官、樋口季一郎から電信が届いた。

——中央統帥部の決定にて、本官の切望救援作戦は現下の情勢では、実行不可能なりとの結論に達せり。本官の力およばざることはなはだ遺憾にたえず、深く謝意を表するものなり

助けに行けないから、死んでくれという電信にしか取れない。いつかは援軍が来る。それまで持ちこたえよ、と部下を叱咤激励していた山崎は何を感じただろうか。山崎はすぐさま返信した。

——その期至らば、在島将兵全員喜んで一丸となって死地につき、魂魄《こんぱく》は永く祖国を守るものと信ず

五月二十三日、樋口から、さらなる電信が届いた。

——地区隊長以下凡百の手段を講じて、敵兵員の尽滅を図り最後に至らば潔く玉砕し、皇軍軍人の精華を発揮する覚悟あるを望む

このとき、初めて命令電で「玉砕」という言葉が使われ、全員死ねと伝えている。

五月二十九日午後二時三十五分。山崎は現況報告を打電した。

——全線を通し、残存兵力約百五十名

同じ五月二十九日夕方。最後の電信である。

——敵に最後の鉄槌《てっつい》を下しこれを殲滅《せんめつ》、皇軍の真価を発揮せんとす。生きて捕虜の辱めを受けざる様覚悟せしめたり

海軍もキスカ島に向け最後の送信をした。

——これより電信機を破壊し、総攻撃に向かう。いままでのご協力深謝す。貴隊の武運を

祈る
電信機を手榴弾で爆破。最後の突撃は米軍の銃撃のなか、突進した。負傷兵はよろめきながら進んだ。

意識を失うなどして捕虜になった者はわずかに二十七人、軍属を含む守備隊二千五百人以上が死亡した。

総突撃の前、山崎は陸軍の沼田宏之と海軍の江本弘、海軍嘱託の秋山嘉吉らに残るように命令した。

潜水艦で帰還し、善戦の報告をするため、アッツ島での待ち合わせの場所と時間をキスカ島電信室は受信していた。しかし、遂に帰還することはできなかった。

戦後の昭和二十八（一九五三）年七月、アッツ島派遣団が日本兵の遺体を発見し、三人の身元を確認した。陸軍本隊とは離れた洞窟に横たわっていた。

アッツ島玉砕の報告を受けた昭和天皇は「最後までよくやった。このことを伝えよ」と命じた。これに対し、参謀総長の杉山元《すぎやまはじめ》が「ただいま、奏上いたした如く、無線機は破壊されています」と申し上げると、昭和天皇は「それでもよいから、電波を出してやれ」と言われた。

アッツ島が声を失った瞬間、キスカ島も声を失った。

「次は自分たちの番だ、キスカも同じように玉砕する」

キスカ島守備隊全員が同じ思いだった。小野打も覚悟した。アッツ島の電信兵と同じように電信機を破壊し、暗号文を焼き捨てて突撃する姿を思い浮かべた。

美しく砕ける

「玉砕は『広辞苑』には「玉が美しく砕けるように、名誉や忠義を重んじて、いさぎよく死ぬこと」と書かれている。

五月三十一日の朝日新聞は「アッツ島に皇軍の神髄を発揮」「壮絶夜襲を敢行玉砕」「敵二万損害六千下らず」「一兵も増援求めず」「烈々戦陣訓を実践」という見出しでアッツ島玉砕を報じている。

このときに初めて「玉砕」という言葉が新聞に使用された。この後、圧倒的に不利な状況でも降伏せず、死を選んだ日本軍の突撃がサイパン島やテニアン島、硫黄島《いおうじま》などの太平洋の島だけではなく大陸でも各地で繰り広げられた。

「生きて虜囚の辱めを受けず」という戦陣訓が国民に定着し、おめおめと日本に帰ることができないような雰囲気ができ上がってしまった。

同じ日の朝日新聞社説は——最後の勝利は悲壮なる沈勇によってのみ確保せられる。断じてアッツ島二千数百勇士を徒死《むだじに》させてはならないのである——という言葉で締めくくっている。

ミッドウェー海戦の惨敗から戦局が急速に悪化し、前半の日本軍快進撃の立役者である連合艦隊司令長官の山本五十六まで戦死した。日本軍は「アッツ島玉砕」を戦意昂揚のチャンスととらえ、徹底的に宣伝に使った。

米軍に与えた影響も大きかった。従軍記者であるＡＰ通信のウイリアム・ウォルドンは最後の突撃のすさまじい光景を配信した。

――生き残りの将兵は、われわれの目の前で手榴弾を自分のヘルメットにたたきつけた。日本兵は最後の一人まで戦い、そして斃《たお》れた。この光景を孤穴に潜んで間近に見ながら、生まれて初めておそらく今後再び経験することがない戦慄が顔を覆った――

アッツ島以後、「バンザイ・アタック」と呼ばれた予測できない攻撃に手を焼いた米軍は、何が起こるかわからない日本本土上陸をあきらめ、航空機での無差別爆撃と原子爆弾投下の方針に決まったといわれている。

六月五日、東京・日比谷公園で山本五十六の国葬が行われた。芝の東京水交会から日比谷公園まで、棺が運ばれた二キロの沿道は国民で埋め尽くされた。アッツ島玉砕報道直後でもあり、日本中で仇討ちムードが高まった。

第七章　第八十一号作戦

「鈴谷」退艦

アッツ島玉砕の半年前。昭和十七（一九四二）年十一月二十四日、南太平洋のラバウルの南にあるカビエン沖に停泊していた「鈴谷」に人事電報が届いた。

――横須賀鎮守府出仕

水雷屋として三十年近く洋上生活をしていた木村が陸に上がる時が来た。船乗りの言葉で言えば、「潮気一杯」の男だったが、もう五十一歳になり、過酷な最前線からいつ下りてもおかしくない年齢だった。

翌二十五日の日記に――横鎮出仕となる電あり――と書かれている。「鈴谷」艦長となって二年、幾多の戦塵をかいくぐってきた。短いメモ書きだけに、木村の一抹の寂しさを感じることができる。それは残る部下も同様だった。

艦長と常に一体の関係である士官は当然だが、下士官や若い水兵に対しても分け隔てなく接した。

烹炊員だった一等主計兵の松原勝美は停泊中のある日、作業終了後、野菜庫の上で昼寝をしているところを木村に見つかった。飛び起き、すぐに直立不動の姿勢をとった。

「あそこは涼しいか」

「申し訳ありません」

「いいよ、いいよ」

翌日、艦長室に呼ばれた。昨日の今日である。艦長室に行くことなどない立場だから、緊張した。恐る恐る艦長室のドアをノックし、直立不動の姿勢のままでいた。

「そんなに硬くなるな。いすにつけ。まあ、一杯やれ」

酒がグラスに注がれ、松原は度胸を決め、一気に飲み干した。その後、烹炊作業のことをいろいろと聞かれた。

「今夜は愉快だった。またひまなときに来るように」

それ以来、松原は時々、艦長室を訪れるようになった。

ある日、ヒラアジを釣ったので、刺身にして艦長室に持って行った。

「官給品（下士官の分）ではないか。公私混同はいやだから、おれは食べないぞ」

「官給品ではありません。今日、自分で釣ったから戦利品です」

「釣ったのか、それでは食べよう」

木村は松原の前で刺身を食べ始めた。

「おいしい、おいしい、新しいやつはほんとにうまいなあ」

だが、木村が松原を呼んだ本当の理由は別のところにあった。

松原は古参兵で、若い兵士の制裁を買って出ており、暴力制裁でけがをさせたこともあった。若い兵士から恨まれもしていた。

「艦長はそのことを知っておられ、注意されたのだと思っていました」

木村は松原に若い兵士の教育について説いた。

「精神棒はよくないぞ。棒で叩くのは馬と同じじゃないか」

「一度言ってわからないときは二度でも三度でも言う。心を込めて教えれば、どんな人間でもやるようになる。といっても甘やかせというのではない。いつも威厳を持っていなければならない」

「いつも愛情を持ってやれ。いまは平時ではなく戦時だ。いつどのようになっても一緒に笑って死ぬことできるように。摩擦を起こしてお互いに恨みを抱くようではいい死に方ができない」

松原は木村という大きな人間に出会ったことでその後の人生が変わった。

もう一つある。退官が決まり、艦長室従兵だった兵曹の岸田忠雄が艦長室にあいさつに行った。

「一生懸命がんばれよ。武運あらばまた会うこともあろう」

木村が足や腰が痛いというと、岸田が子どものころから父親にしていたお灸をすえた。

「従兵は灸《やいと》が上手だね。本艦で一番偉いのは従兵だな。艦長に灸をすえるのだから」

木村が冗談を言った。上下関係なく、接することができる男だった。

二十五日午前七時四十五分から士官室で杯を交わした。総員集合の命令があり、木村が後任の大野竹二を紹介した。そして、退艦見送りだ。少将軍装の木村は衛兵礼式を受けた後、「捧げ銃」に答礼し、港に向かう少将旗を掲げたボートに乗り込んだ。

「総員帽振れ」の合図で乗員が一斉に帽を振る。このとき、ボートに乗っていた木村が突然、「鈴谷万歳」と叫んだ。

艦上からも「鈴谷万歳」「鈴谷万歳」「鈴谷万歳」がわき起こった。

日々、劣勢になっていることは前線の兵士ならだれもが肌身に感じていることだった。その部下を置いて一人帰国しなければならない指揮官と、残される兵士。双方、複雑な思いが折り重なっての万歳三唱だった。

負傷

昭和十七（一九四二）年十一月二十八日横浜着、その足で横須賀鎮守府に着任。十二月五日付けで「舞鶴海軍警備隊司令官兼舞鶴海兵団長」に任ぜられた。

海軍警備隊は陸上警備隊や洋上監視艇、防空砲台があり、舞鶴鎮守府を敵から防御することが主目的で、木村は着任早々、各部署を視察している。

海兵団長も兼務しているため、木村は一般団員と同じように海兵団内に寝泊まりしていた。海兵団は徴兵後、敬礼の仕方や歩兵銃の担ぎ方、カッター操艇など海軍のイロハを学ぶ組織で、海軍兵学校の三号生徒のようなしごきも待っている。

――若年、体力の錬成に努めしむる外、各人の体力に応じ、個性指導に留意すること極めて必要にして、指導者の『養護に関する観念』の強化を図るの要あり――

木村は海兵団の新兵や、体力もなく、経験も少ない警備隊の若い兵士の体調管理に心配りをし、指導者にも徹底すべきというメモを書いた。

陸に上がったとはいえ、海軍省や鎮守府などでの行政職と違い、新兵や若い兵士を育てる役職であり、人を育てることを得意とする木村にふさわしいポストだった。

しかし、陸での仕事もわずかに二カ月で退任、二月五日付けで「第一艦隊司令部付き」の辞令が下りた。第三水雷戦隊司令官が内示されており、木村は再び南太平洋の最前線に戻ることになった。

三水戦司令官になって最初の任務はラバウルからニューギニアに転進する輸送船団の護衛だった。「第八十一号作戦」と名付けられていた。

今回の輸送作戦に際しては、ニューギニアのポートモレスビー米軍基地の航空部隊を攻撃後に実行されるはずだった。しかし、相次ぐ敗戦で日本軍の航空部隊の兵力が落ちていたことや天候不順などの理由で、一度しか空襲できないまま、輸送作戦が見切り発車された。

三水戦司令部内にも、「敵航空兵力によって全滅させられる」との懸念があり、作戦計画担当の第八艦隊主席参謀に直訴したが、「命令だから全滅覚悟でやってもらいたい」と突き返された。

木村は舞鶴からラバウルに赴任途中で、事前の作戦協議にも参加していない。実行部隊の司令官抜きで計画された作戦が成功するはずもなかった。木村が事前協議に出席していたら、賛成しただろうか。

二月二十八日午後十一時、木村司令官が乗る駆逐艦「白雪」を旗艦とする輸送船団がニューギニアに向け出港した。陸軍の輸送船七隻と海軍輸送船一隻を護衛部隊が囲むようにして、速力九ノットで航行した。

三月三日午前七時五十分、上空には海軍の警戒機十二機が哨戒していた。南方から大量の敵機発見。警戒機が高々度から襲来した敵機と交戦している隙に、戦闘機に擁護された爆撃機が超低空で水兵爆撃を開始してきた。

輸送船、護衛していた駆逐艦が次々と被弾した。旗艦の「白雪」に対し、敵機A－20がマストすれすれの低空で機銃掃射をしながら、爆弾を投下した。

「敵、魚雷」

魚雷と見間違えるような細長い爆弾はいったん水面で跳ね、後部弾薬庫に命中。弾薬庫は大爆発を起こした。

最初の機銃掃射の際、木村の左太もも、右肩、左腹部を貫通した。木村はボートに収容されたが、その直後に「白雪」は艦首を立てて沈没していった。木村は僚艦「敷波」に移り、横たわったまま指揮を執った。しかし、午前八時三十分までの間に襲来した敵機は七十機を超え、なす術もなく、輸送船八隻、駆逐艦四隻が沈没した。

ボートなどで漂流していた約二千七百人を駆逐艦四艦に収容した。駆逐艦「時津風《ときつかぜ》」に乗船していた陸軍第十八軍司令官は、陸軍兵士を目的地ラエに近いフオン半島かさらに北のマダンに上陸させられないかと木村に打診してきた。

「残存駆逐艦四隻のうち二隻は損傷、さらに燃料不足で全部集めても、二隻しかマダンにたどり着けない。遭難者の救助を放棄せざるを得ないのみならず、帰航の安全は保ち難い」

やんわりとだが、きっぱり木村は断った。公式資料には海軍が陸軍を説得したとある。

救助に駆けつけた駆逐艦「初雪」と「浦波」をラバウルに帰した後、木村は残る三隻で、午後十一時から、遭難者の救助に当たった。しかし、夜間で遭難後すでに十時間以上が経過していたこともあり、救助作業は困難を極めた。夜明けとともに再び敵機が襲来する可能性が高く、時間は限られていた。

――〇一〇〇救助捜索を打ち切り一路北上す――

メモに書かれているように、漂流中の百四十人を収容しただけ、翌四日午前一時に捜索を断念した。

「第八十一号作戦」は陸軍兵士六千九百十二人中約三千人が死亡、輸送船八隻、駆逐艦四隻

を失った。木村が経験したことがないような惨敗だった。

ラバウルに帰港後、兵学校の一期下で仲がよかった第八艦隊参謀長の大西新蔵が見舞いに訪れた。帰国を勧める大西に対し、木村は断固として断った。

「絶対に内地に帰らない」

そう言い張ってきかない木村を説得するため、連合艦隊司令長官名で帰国命令を出してもらうことにした。木村は渋々という顔で命令を受け取った。

――『朝日丸』にて一時帰還のこととなる　一六〇〇出港、従兵松本付き添い――

翌三月六日に「横須賀鎮守府付き」の辞令電報が「朝日丸」に届いた。三水戦司令官にはわずか二十一日間しか在任しなかった。なんのために、はるばる赤道を越えてラバウルまで来たのだろうか。

木村が知らないうちに作戦計画が立てられ、事前協議にも出席できず、ただ作戦の実行指揮官だった。日記には何も書かれていないが、無念の思いはいかばかりか。木村はベッドに横たわったまま、帰国の途に付いた。

木村を乗せた「朝日丸」はトラック、サイパン経由で三月二十日に呉に入港。すぐに海軍病院に入院し、療養生活に入った。

このころ、アッツ島やキスカ島では日増しに空襲が激しくなり、どちらの島に先に米軍が上陸するかという逼迫《ひっぱく》した事態になっていた。

五月二十九日、アッツ島玉砕。六月六日、幌筵島に停泊していた巡洋艦「阿武隈《あぶくま》」で第一水雷戦隊司令官である森友一が脳溢血で倒れた。
　すぐさま後任が必要だった。負傷も癒えていた木村の名が上がった。経験豊富で沈着冷静。「香久丸」艦長就任のときと同様に、またしても穴埋め人事ではあるが、適任だった。六月九日の日記だ。

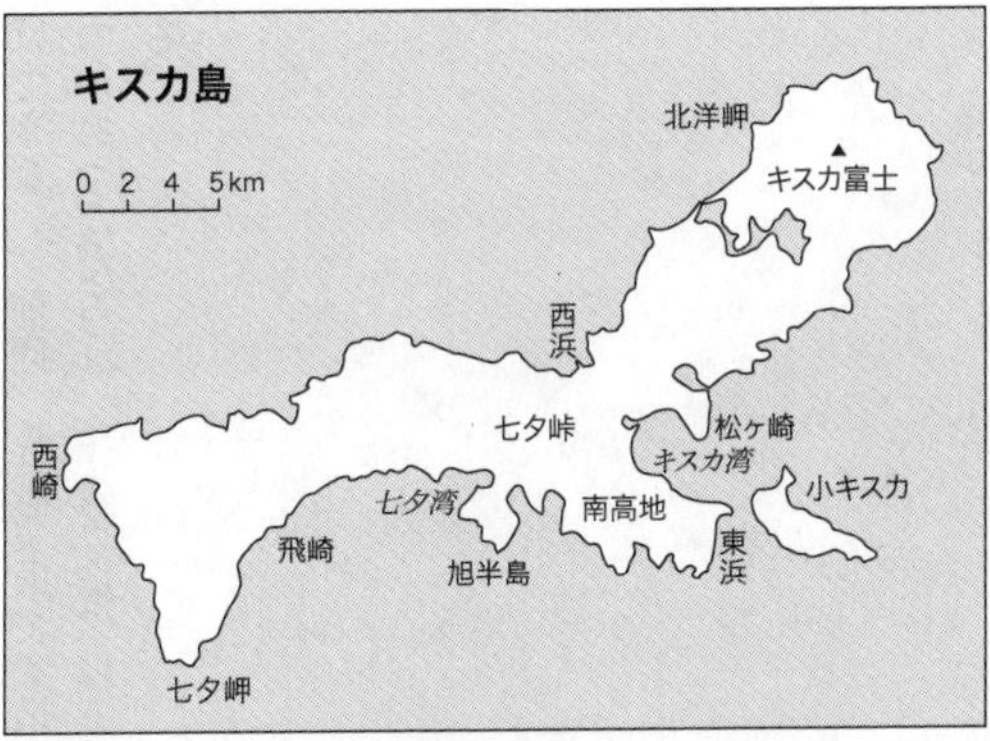

　——一水戦司令官転出を聞く　八日付けの由——

　勤務地は軍事機密上、家族にも教えてはならなかった。だが、六月というのに外套など冬物を用意してくれと言われ、妻の貞子は不安に感じた。「これが最後かもしれない」。初めて、貞子は見送りに行くことにした。

　翌六月十日、上野駅の駅長室に行くと、故郷に向かう英霊の白木箱が安置されていた。木村は丁重に拝礼した後、平然としていたが、貞子は複雑な心境だった。
　午後七時、上野駅から青森の大湊に向かう汽車に乗り込んだ。木村はいつもと同じように淡々としていた。

　——六月十日一九〇〇上野発　貞子　後藤兵長宮沢二水　上野駅迄——

　相変わらず日記は要点のみで、心境を推察することはできない。前回、作戦失敗で大敗を喫し、三千人もの将兵を死なせている。心中期するものがあっただろう。キスカ島には五千人を超える兵士が救出を待っている。米軍も迫っている。

第八章　第一次撤退作戦

村長さん来る

アッツ島に米軍が上陸した六日後の昭和十八（一九四三）年五月十八日、陸軍と海軍の関係部局が協議した結果、「アッツ島放棄、キスカ撤退」が結論に達し、二十一日に正式承認された。玉砕の十日以上も前にアッツ島はうち捨てられることが決まっていたことになる。

しかし、キスカ島撤退についても、「なるべく速やかに潜水艦による逐次撤収に努め、状況により、輸送艦、駆逐艦併用のこともあり」と決まっただけだった。キスカ島には陸軍約二千四百人、海軍約二千八百人の兵士が守備についていた。最大の潜水艦「伊九」で収容人員百人、「伊二」ではわずか四十人。何度往復する必要があるのか。米艦艇の警戒網をかいくぐって潜水艦で全員を収容することは不可能であり、「キスカ撤退」の方針が決まっただけで、何も決まってないに等しかった。

キスカ撤退作戦は「ケ号作戦」と名付けられた。この年の二月一日から七日に実施された

「ガダルカナル撤退作戦」と同じで、「ケ」は捲土重来のケを表し、撤退ではあるが、再起するための転進という意味が作戦名に込められている。「ガダルカナル島撤退作戦」の当時は撤退という文字はどこにもなく、転進と言われていた。

「ケ号作戦」は極秘のうちに進められていたが、キスカ島電信室の小野打はなんとなく気づいていた。

「電信を聞いていると、『キスカ』『ケ号作戦』という言葉がたびたび入るようになった。『ケ号作戦』はガダルカナルのときに使われていたことは知っていましたので、撤退かなというのは薄々、わかりました。でも、島はアメリカの艦隊に取り囲まれているし、空襲は激しいし、どうやって撤退するのかとは思ってましたよ」

米艦隊包囲網をかいくぐるように、潜水艦十五隻で、五月十二日から五月二十七日までの間、撤収作戦を続けた。だが、それも、五月二十七日に潜水艦「伊七」がキスカ島に入港し、六十人が幌筵島まで戻ってきたのが最後だった。

アッツ島玉砕で米艦隊の目標はキスカ島奪還に絞られ、補充兵を上陸させないように米艦隊は警戒態勢をさらに厳重にしていた。

その後、「伊二四」と「伊九」が相次いで消息不明になり、「伊七」が敵の砲撃を受けて浅瀬に乗り上げ、航行不能になり、潜水艦での救出作戦は中止せざるをえなくなった。最終的に潜水艦で撤収できたのは海軍三百八人、陸軍五十八人、軍属五百六人の計八百七十二人だった。

全権一任

一刻を争っている。

――六月十一日一〇〇〇大湊着、一〇三〇着任。阿武隈一五〇〇大湊発幌筵に向ふ――

一刻を争っているとはいえ、着任後わずか四時間半で出港している。

「阿武隈」は大正十四（一九二五）年に竣工した軽巡洋艦で、六千四百六十トン、十四センチ砲七門、六十一センチ魚雷発射管八門などを備えている。

着任後、すぐに司令部幕僚を集め、簡単な打ち合わせをした。

「ヒゲは豪傑でも春風駘蕩《しゅんぷうたいとう》のムードがある村長さんみたいな人」

打ち合わせに参加した「阿武隈」の航海士である大賀良平の感想だ。前任司令官の森が口やかましいタイプだったのとは対照的な木村の着任とともに、艦橋内は緊張したなかにも、和やかな雰囲気になった。

六月十四日午前七時三十分、「阿武隈」は幌筵島の対岸の占守島に到着した。その直後に第五艦隊の旗艦「那智」からの暗号電信を受信した。

――司令長官より司令官へ　司令官　先任参謀　来艦せよ

先任参謀の有近六次とともに、木村はすぐにボートに乗り「那智」に向かった。「那智」の長官公室には第五艦隊司令長官の河瀬四郎、参謀長の大和田昇、高塚忠夫が待っていた。

あいさつもそこそこに大和田が口火を切った。

「キスカを放棄し、その守備隊全員を急速撤収することに方針も定まり、その実施命令が当艦隊にまいりました」

続いて、河瀬が話し始めた。

「木村君ご苦労だが願います。この撤収は容易ならざる作戦であって、敵包囲の中から全員を無傷秘密裏に引き揚げることは激戦死地に飛び込む以上に苦心と忍耐がいる。どうか最後のご奉公のつもりで善謀善処好機を捕捉、これを決行していただきたい」

さらに河瀬は「本作戦は一水戦司令官に一任する」と述べた。全権一任である。「使用兵力など要望があれば、できることならなんでもする」とまで言った。

木村はいつもと同じように平静を保ったまま一言だけ答えた。

「承知しました」

隣に座っていた有近の方が慌てた。

「えらいことになったぞ。艦隊司令部で部隊編制を決め、作戦命令で出してくれた方がやりやすいのだが……」

全権一任されると、自由に作戦を組み立てられる半面、責任の所在が明確になり、失敗した場合、全責任を背負い込むことになる。

木村が全権一任について、感想を語った記録は残っていないが、前回の「第八十一号作戦」の際、事前の協議にも出られずに、ただ実施した苦い経験から、むしろ大役を仰せつかり喜んだだろう。自分の行動に対し、他人に責任を取って欲しくはない。自分の行動はすべて自分の責任。木村はそんな男である。

　その後、高塚から引き揚げ人員や現状の使用兵力、燃料などの説明があった。

「先任参謀、早速計画準備にかかってくれ。いま話された以外にこちらから聞いておきたいことや、希望事項があれば、申し述べておくように」

　木村の言葉を受けて、有近は気象専門士官派遣と、駆逐艦を十艦に増強し、そのうちの一艦は最新鋭でレーダー装備の「島風」を含むことを要望した。

　アリューシャンの主といわれた有近は濃霧が発生するキスカ周辺の気象予測の重大さと、敵の動きを察知するレーダーの必要性を認識していた。作戦は敵の哨戒機が飛行できない霧を利用するしかなかった。

　打ち合わせが終わり、「阿武隈」に戻ると木村が有近に短く言った。

「とにかく至急、計画を立ててくれ。まず連れていく艦は何にするか。何を連れていくにも俺は先頭艦に乗って黙って立っているから、後は全部貴様に一任する」

　有近は「早速、木村流の第一声」と後に書いている。

「先任参謀、ただひとつ注意しておくが、責任は俺が取るから、決して焦るなよ。じっくり落ち着いて計画し、十分訓練してから出かけることにする。霧の利用期間はまだこれから二カ月もあるんだから」

　いつ米軍が上陸するかわからない。時間はないが、拙速に事を進めると、作戦は必ず失敗する。脳裏には「第八十一号作戦」があったに違いない。

陸軍と海軍

キスカ島には陸軍北海守備隊司令官の峯木十一郎《みねきといちろう》率いる約二千七百人と、海軍第五十一守備隊司令官の秋山勝三率いる約二千五百人の守備隊が配置についていた。

陸軍と海軍が共同歩調を取ることはどの戦場でも当然のはずだが、戦局の悪化に伴い、お互いのエゴがぶつかり合うようになり、足並みが乱れていったことが敗戦の大きな要因の一つである。

しかし、キスカ島撤退作戦の場合は違った。このため、潜水艦で行われた撤収作戦の際も、非戦闘員が最優先するのは陸海とも同じだが、定員が四十人の場合は陸軍二十人、海軍二十人と半々になるように考慮されていた。

キスカ島では陸軍と海軍が仲違いする暇《いとま》もなく空襲が相次ぎ、陸海共通の目的は敵が上陸した際には、敵を葬るか、玉砕するしかなかった。

六月二十日、キスカ島からの潜水艦で、陸軍次席参謀の藤井一美《かずみ》と海軍先任参謀の安並正俊が幌筵島に到着した。

潜水艦での撤収の際、現地状況にそぐわない計画があったことから、陸軍の峯木から海軍の秋山に現地を熟知している参謀を幌筵島に派遣することが提案され、秋山はすぐさま同意した。

派遣前、峯木は藤井を呼び、言付けを頼んだ。

「撤収のため、キスカ島に接近すれば、敵艦隊と衝突することは必至である、その際は陸軍は一兵たりとも撤兵を考えず、敵上陸部隊の撃破に任ずるから、海軍側は全力を挙げて敵艦隊の撃破に任じてもらいたい」

藤井は「阿武隈」で打ち合わせをした際に峯木の意向を木村に伝えた。

打ち合わせの後、木村は藤井だけを別室に呼んだ。

「敵艦隊に遭遇したときは援護に任ずる艦隊の主力は撃破に任ずる。しかし、撤収を主目的とする戦隊は一隻でも二隻でもキスカ島に突入させ、一兵でも多くの陸軍部隊の収容に任じたい。海軍部隊は同僚であるから遠慮してもらう」

藤井は陸軍を優先すると断言した木村の姿勢に深く感動し、戦後になっても忘れられないと周囲に語っていた。

派遣前、峯木は藤井に作戦資料を手渡した。

「艦隊と撤収のことを連絡した後は幌筵島に残り、作戦記録を作成してくれ。キスカに帰任する必要なし」

部下の論功行賞などのため、キスカ島での善戦の記録を残す必要があったことも確かだろうが、それ以上に一人でも多くの部下に生き残ってほしいと思う気持ちの方が強かったのではないだろうか。それほど、だれも撤退作戦が成功するとは信じていなかった。

藤井は作戦記録の資料を手渡した後、海軍と行動をともにし、仲間が待つキスカに向かう巡洋艦「木曾」に乗り込んだ。

陸海二人の参謀が幌筵島に到着した同じ六月二十日、待ちに待った男が着任した。気象士官の橋本恭一だった。橋本は九州帝大理学部地球物理学科卒業。第一期兵科予備学生で海軍に入った。青年士官というよりも青年学徒といった雰囲気の初々しさだった。

「貴様はこれから一水戦に行って霧と戦争するのだ」

東京で辞令を受け取るときにそう言われ、送り出されたので覚悟はできていた。着任後、すぐに「阿武隈」の幕僚室に案内された。有近がキスカ島撤退作戦の概要を説明しながら、テーブルの上にキスカ周辺の海図を広げた。

「作戦の成否のカギはただ一つ。霧の利用にかかっている。そのため連続一週間の霧の予想が必要で、それを君に予測してもらうのだ」

不安顔の橋本を見て、有近は続けた。

「心配することはない。まだ準備に二、三週間かかる。その間に実地について十分勉強すればよい。君はあくまでも学理に基づいて予報を出してもらえばよい。責任ある最後の判断は俺がする」

いい芝居には必ずいい脇役がいる。舞台の袖でも光るいぶし銀のような役者の存在がないと完成された芝居とはいえない。今回の作戦も同じことがいえる。有能な参謀の有近、若き気象士官の橋本、陸軍にも峯木や藤井のいい役者がそろっていた。キスカ島でじっと待つ陸海兵士もいる。木村ひとりでは決して、いい作品には仕上がらなかった。

出撃用意

準備は有近の指示で着々と進められた。大半は有近まかせだった木村だが、一つだけ頑《かたく》なにこだわったことがあった。キスカ湾の滞在時間だ。

「湾内の作業が一時間で済まなければ、この作戦は必ず失敗する。絶対、一時間以内に完了せよ。私は一時間経ったら、作業を中止してでも出港命令を出す」

湾内に長く留まれば、敵の哨戒機に発見される可能性が高くなるのは当然だった。しかも収容作業の間は無防備だ。時間短縮にはいかに五千二百人を効率よく収容するかがかかっていた。

そのためには揚陸専用の大発を二往復するにとどめる必要があった。一隻の収容人員百二十人と計算して、キスカ守備隊が十隻保有しており、あと十二隻を持って行かなくてはならなかった。

巡洋艦は問題ないが、駆逐艦の場合、大発を海面に滑り込ませる装置がないため、急遽、甲板後部に滑り台のような架台を取り付けることにした。

守備隊にも携行品は最小限となるように徹底させた。命にかけても手放すなと教え込まれていた「三八式歩兵銃」も乗艦前に海中に放棄するように命令した。

敵の哨戒艦艇に発見された際、日本軍と煙突の本数が異なることを利用して、米艦隊に偽装する作業も行われた。

三本煙突の軽巡洋艦は一本を白く塗り、二本煙突の米巡洋艦「ヒューストン型」のように見せかけ、二本煙突の駆逐艦は一本仮設の煙突を付け、三本煙突に変えた。視界のきかない濃霧のなかでは、米艦隊が航行しているように見えた。

六月二十八日、作戦概要が決まった。

「出撃は七月七日幌筵出港、七月十一日日没後、キスカ突入」

使用艦は収容部隊が巡洋艦「阿武隈」「木曾」と、駆逐艦六隻、警戒隊が駆逐艦五隻。七月一日、要望していたレーダー搭載の最新鋭駆逐艦「島風」も編入された。

この間連日、訓練が行われた。この作戦では霧中の作戦決行となるため、濃霧の日に艦隊航行訓練や、前の船が後続の船の目印になるように浮標を投下する訓練、補給艦「日本丸」からの補給訓練が実施された。

「島風」のレーダーを使った測地、測深訓練も行い、濃霧のなか、キスカに接近する際、地勢や水深を把握するのに、非常に有効であることもわかった。

キスカ湾入港時の収容訓練も徹底的に繰り返し行われた。

――七月四日幌筵海峡北方海面にて水雷部隊訓練を試行せり、無事終了――

木村の日記に書かれている「無事終了」という簡潔な言葉が用意周到な準備に対する満足と、作戦成功の確信を持った表れと取れる。

木村の作戦終了後の日記にはこんな件がある。

――何程の将士を乗艦せしめ得るや実のところ確信なかりき　少しにても乗せればそれにてよし乗せてから敵機にやられるならば之は止むを得ぬ　全部乗艦せしめ得ればあとは根

△キスカ撤退作戦の旗艦「阿武隈」。作戦前に３本の煙突のうち１本を白く塗り、米国艦に偽装した。▽食事をするキスカ島の海軍航空部隊。

拠地に到着し得ずとも『成功』というべき程の困難なる作戦なり――

周囲はキスカ島撤退作戦をあまりにも難しいと判断していたが、作戦の詳細を知る木村本人が長年の経験からそのことを最も理解していた。

米国領からの「遺言」

五月二十九日のアッツ島玉砕以後、キスカ島守備隊の士気は急速に低下した。援軍も来ない、補給もない。ただ見捨てられたアッツ島の凄惨さを知れば、明日は我が身。「上陸してくればアメリカ野郎に一撃をお見舞いしてやる」といかに自らを鼓舞しようが、北海の孤島で死ぬのは明らかだった。すでに目の前である。

だれともなく、行李の整理を始めた。当面、必要がないと思われる軍服や下着類、手紙、地図、筆記用具を惜しげもなく、ストーブにくべた。灌木のたきぎを拾いに行く必要がなくなるほど、身辺整理の燃料が集まった。

「潜水艦の還送ももう終わり」

「食料も乏しい」

「艦船どころか、航空機も飛べない」

だれもが口数は減ったが、そんな噂話だけは減らなかった。

周辺海域は米艦隊が包囲していることには変わりはなかったが、空襲は一時期よりも減り、爆撃機が思い出したように飛来し、気の向くままに爆弾を落とし、遊覧飛行のように悠々と飛び去った。それが大規模作戦前の静けさのようで不気味だった。

それでも時折、潜水艦が到着した。一大決戦の際、足手まといになる飛行場の設営隊などの軍属や工員を撤収していった。

非戦闘員を地上戦に巻き込むのは忍びないという気持ちはあっても、みんな目を背けた。妬む気持ちはなくとも、帰還する姿を見てしまうと感情が制御できない。潔く死ねない。「一死君国に殉ずべし」とどんなに理解しても、心中は泡立った。

潜水艦が内地に輸送してくれる葉書を書くのが楽しみだった。どの手紙が「遺言」になるかわからない。一枚一枚、自らの死を胸底に、両親に兄弟に恩師に親友に心を込めて書いた。

手紙には軍事上の機密で「日付」「場所」を入れることができない。家族のもとには何通もの、差し出し場所も日時も特定できない「遺言」が届いた。絶海の孤島。それも敵国、米国領からの「遺言」だった。


六月に入った。このころから、「ケ号作戦」なる言葉が兵士の口の端に上るようになった。海軍守備隊から離れた陸軍でも「切り込み隊だろうか」「最後の切り札があるんだ」。想像を膨らませた。

前述の通り、電信を常に聴いている小野打はガダルカナル撤退と同じ「ケ号作戦」であることは薄々感づいていたが、重要な作戦であることは承知しており、仲間内でも話をすることはなかった。

陸軍守備隊司令官の峯木十一郎と海軍守備隊司令官の秋山勝三は六月十日、大隊長以上に伝達したが、作戦を漏らすことは厳禁とした。しかし、噂は流れた。作戦を漏らすことは断じてならないし、大隊長が漏らしたとも考えられないが、小野打のように薄々気づいただれかが、悲壮感漂う仲間を見かねて、「『ケ号作戦』というのがあるから、生還できるかもしれないぞ」という声をかけたのかもしれない。それがどこかに希望を見出したかったところに差し込んだ光だった。一気に噂は広まっていった。

峯木と秋山は相談して、七月四日に作戦概要と各隊の行動概要を陸海いっせいに発表した。

「一兵も残さない」

「敗戦感を持たせないように、敵に優越感を起こさせないように目的意識を徹底させる」

「状況急変の場合、臨機万全の対応ができるように準備する」

集められた各指揮官に対し、この三点を上げ、作戦成功に全力を傾けるように命令。特に「一兵も残さない」という部分を強調した。

この日、濃霧の幌筵海峡では木村が最後の訓練に臨んでいた。

出撃前夜

出撃が間近に迫った七月二日、主計長の市川浩之助は木村に呼ばれた。

「主計長、人事考課表推達の準備は大丈夫か、各艦から書類は届いているか」

大作戦の前にそんな書類のことなんかと、市川は戸惑ったが、すぐに木村の真意を悟った。

「いかに多忙なときでもなさねばならないことは的確に処理しなければならない。特に人事は士気におおきな影響を及ぼすから手落ちがあってはならない」

そう感じ取り、市川は書類の準備が遅れている駆逐艦二隻に督促した。

このことから、木村についての二つのことがわかる。いったん出港すると生きて戻って来られないかもしれない。だから、最後まで仕事は手を抜くなという「船乗り気質」である。もう一つは木村の指揮官としての責任感だ。的確な人事評価ができない上司は部下からも信頼されない。軍隊とはいえども、組織であるからには人事評価は重要である。評価する方は数多くの部下をみるため、いい加減になりがちだが、評価される方は一人だ。評価をおろそかにするようでは指揮官として失格ということを中間管理職にも知って欲しかった。鷹揚なようでも、きめ細かい木村の一面が垣間見える。

キスカ島から峯木が参謀の藤井に作戦記録を持たせて、幌筵島に派遣したのも同じことがいえる。

出撃日の最終決定は霧の予測次第だった。データは幌筵とキスカ、それと暗号を解析し、気象士官として着任した橋本恭一が中心となり、出撃からキスカ周辺に到着する三〜四日後の海霧の状況を予測しなければならなかった。

橋本は十、十一日が突入の「適」と判断した。逆算して出撃日は七月七日午前六時と決定した。年に一度、織り姫と彦星が出会う七夕。キスカ五千二百人と出会うための出撃日に、ふさわしい日が選ばれた。

七日早朝、「阿武隈」に救援艦隊の各指揮官集合。木村が全員を前に訓辞した。

「今回の作戦は、各種困難なる事情の下に決行せらるる窮余の策でありますが、幕僚諸君が周密なる計画を立て、諸君また鋭意これに従いて完成され、本日出撃することとなりました。古語に『千慮無惑』という句があります。練りに練った籌画《ちゆうかく》であります。これを基礎として後は臨機応変、軍人精神と我が伝統の腕前をもって解決するので、いささかも惑うところはないのであります。各員の奮闘努力によりまして成功を確信しています」

木村にしてはやや形式ばった感じはするが、それだけやり遂げなくてはならないという思いがこもっているというとらえ方もできる。

今回の作戦では、陸軍内では「五割撤収できれば大成功」、海軍内でも同様の意見だった。現地のキスカの海軍守備隊との打ち合わせでも、「半数できたら大成功なので、救援艦隊は余裕を持って、六割撤収に備え、準備してください」とキスカ側から申し出るほどだった。これに対し、救援艦隊はあくまで「全員撤収」にこだわり、そのための準備を進めた。

出撃に際し、艦隊全体に悲壮感は皆無だった。司令官以下全員の相互信頼と五千二百人救出という使命感が部隊に浸透していた。

戦時の軍隊でも、「五千二百人の仲間を救おう」というのと、「五千二百人の敵を殲滅しよう」というのでは、おのずから昂揚感は異なり、やはり救出する方がムードがよくなるのは当然だった。

木村の訓辞の後、分隊に戻り分隊長が最後の訓辞をした。主計長の市川はこう結んだ。

「人事を尽くして天命を待つという言葉を大切にしよう」

すると、部下が言った。

「主計長の部屋にある色紙の言葉ですね」

部隊全体が緊張感と使命感、いい雰囲気のまま、目指すはキスカ。その日の木村の日記である。

――七日一九三〇出撃予定航路を行く――

帰ろう

キスカ守備隊の受け入れ準備は慌ただしい。

各自の私物はかばん一つと厳命されている。すでに、アッツ島の玉砕で身辺整理は済んでいたはずだったが、捨てきれずに取っておいた物もある。つらい戦地で慰めてくれるのはだれもが故郷からの手紙だった。戦地記録などをかばんに詰め込むと、入れる場所がない。大切にしていた写真や手紙を一枚一枚捨てながら焼いた。かばん一つだけとは、命を賭けた旅路にしては身軽だった。

銃については乗艦まで携行するが、別の命令があると言われていた。全員の整理が進むと、兵舎がガランとし、空襲と極寒に耐え、一年以上過ごしたキスカを離れるときが近づいたことを実感する。

難しいのは撤収に成功した場合と不成功に終わり、今後さらに駐屯して敵と一戦交える場合の二つの事態を想定しなければならないことだった。

このため、武器庫や高射砲、食料庫などは敵が上陸した際に再利用できないように時限爆破装置を仕掛けた。上空から兵士がまだいるように偽装するため、古い軍服を着たかかしがあちこちに立てられた。

突入予定日の前日、十日には島の西方で監視活動を行っていた陸軍部隊が撤収を始めた。海軍は収容部隊が入港して来るキスカ湾周辺に配備されていたが、陸軍守備隊は高射砲部隊などが山中に配備されており、即座に対応できるように突入日前日から徐々にキスカ湾に近づく計画になっていた。後は十一日の入港を待つのみだった。

十一日早朝、山中の浪華台で守備についていた陸軍高射砲隊の電話が鳴った。

「行動開始。十五時乗艦地集合。終わり」

全員が電話のベルで飛び起きた。待ちに待ったこの時が来た。生死を分ける撤退作戦が始まった。身辺整理をして身軽になっている、全員がすぐに準備完了だ。最後に合流する手はずの十人を残して、キスカ湾に急行した。約六キロ、雪が積もる七夕峠を越えるため、二時間はかかる。七月のキスカは午前二時でも白夜のようにほの明るい。ガスが出ている。これでは敵機も飛べない。安心してキスカ湾に向かった。

若き気象士官の橋本は常に「阿武隈」艦橋に詰めっきりで天気図を広げていた。

「十日夕方から霧深くなり、十一日は霧または霧雨、十二日は霧少なくなる」

幌筵の第五艦隊司令部の気象士官の十日の予測だ。十一日の突入は「適」である。

しかし、キスカの東海域に近づいている「阿武隈」の橋本の予測は違った。

「キスカ島の気圧上昇、高気圧発達、現地（待機海域）低気圧通過して気圧上昇、途中キスカ島とも霧なし」

木村は突入日を十三日に延期した。

現地のキスカ島の海軍気象班も、予測と現地気象を幌筵の司令部と木村の救援艦隊に逐次、電信している。

――十二日夜　並霧
――十三日　濃霧、霧雨
――十四日　霧
キスカ気象班は「いつでも突入して来てください」といわんばかりの絶好の予測を打電してきた。

救援艦隊は十一日、補給船「日本丸」から燃料補給を受けた後、哨戒機が飛行する米軍の航空基地があるアムチトカ島の五百海里圏内に入らないようにしながら待機。この日、キスカ島では米艦隊が七夕湾を砲撃した。

十二日は駆逐艦四隻の補給が終わるのを待って、再び東に針路を変え、キスカ島に向かう。

「薄霧あるがごときも視界良好、高気圧去らず気圧はなお降下しあらず」

再度設定した十三日も、橋本はまたも霧は少ないと予測した。

——明日は天候曇り程度にして利用し得べき霧なし　なお敵情は十一日、十二日の情況より見て極めて厳重　十三日突入は飛行機による被発見の公算極めて多し——

木村の日記だ。突入日を十四日に延期した。

十三日の天候は濃霧で、キスカの天候はキスカ気象班の予測が適中している。しかし、この日、キスカ湾東海上に米駆逐艦と小型艦艇が哨戒しているのが発見された。

この間、陸軍守備隊は毎日、今日こそはという思いを抱き、山中の陣地からキスカ湾まで片道二時間の道のりを歩いた。

十五時入港予定のため、午後十二時半ごろ出発、海を見ながら待機。「本日作戦中止」の知らせが入るのが午後八時。行きは希望があるからまだよいが、帰りの道中は長い。ツンドラに足を取られ、靴が滑る。体も重いが、心はもっと重い。連日、濃霧という天候になぜ来ないと思うとますます心が重くなった。

「もう日本には艦隊がないんじゃないか」。「アッツの二の舞になるのか」。ふくらみに膨らんだ期待が一気にしぼんでいく。

明るかった「阿武隈」艦内にも重苦しい雰囲気が漂ってきた。気象を予測している橋本、突入の判断を下す有近、決断する木村。「今日こそは五千二百人を救いたい」という思いの中で足踏みをする心中は察してあまりある。

十三日の橋本の予測はまたも「十四日、キスカ付近の天候は淡霧程度で視界は相当良好」。

このため、突入日をさらに十五日に延期した。

十四日は台風が接近し、海上は時化《しけ》模様となり、午後からは風も弱まったが、霧が発生してきた。午後二時五十分、十六ノットに増速しキスカに向かった。艦内では「明日は決行するのでしょうね」「早くキスカに行ってやりたい」との会話が出て、早く肩の荷を下ろしたい気持ちはだれもが一緒だった。午後八時になって、キスカから報告を受信した。

――敵砲撃中、（敵）行動を中止す
残りの燃料から計算すると、十五日が最後のチャンスである。

――ス、ス、ス
十五日午前二時、キスカ島電信室に入電した。「ス」の三連打。当番の電信兵が当直下士官に電信紙を渡すと、電信室にうなりのような歓声が上がった。小野打もその一人だった。
「待っておりましたからね。そりゃ嬉しかったですわ。みんな喜んでね」
「ス」の連送はあらかじめ決めていた「突入す」の暗号だった。
――五艦隊より「ス」の方法を命じ来る
　よりて〇二〇〇、〇三〇〇「ス」を打つ――
木村は日記に残している。この日は台風の影響で雨が降り続き、霧も出ていた、だれもが入港を確信していた。早速、五千二百人全員に知らされた。
――〇〇〇〇曇り、海上淡霧、山中霧、視界三メートル
――〇三〇〇並霧、糠雨、最大視界十メートル
――〇六〇〇曇り並霧、視界二～十メートル、本日現状続く
キスカ気象班からの電信によると、時間を追うにつれ、天候が回復、視界は開けてきている。救援艦隊もキスカ島まで百五十海里まで近づいたが、この海域でも視界二十～三十キロ、時折、青空も見える。

「阿武隈」の艦内は異様なムードに包まれていた。十五日午前九時。艦橋では、橋本が作成した午前六時の天気図を前に、木村を中心に話し合いが続いた。先任参謀の有近六次らが木村の顔をのぞき込むようにして、橋本に質問している様子をうかがっている。

周辺の駆逐艦から発光信号や手旗信号で木村宛ての信号が送られてきた。
――五月雨駆逐艦長より司令官へ
　本日突入至当と認む
――「島風」駆逐艦長より司令官へ
　本日をおいて決行の日なし
　ご決断を待つ
信号が来る度に各参謀が木村の顔を覗き、駆逐艦長と同じように決断を下すのを待った。

木村は天気図を見据えて、一言も発しない。橋本は直立不動の姿勢で傍らに立ち、質問を待っていた。再度、木村が今後の予想を質問した。

「当隊がキスカに到着する一五〇〇ごろはキスカ南方及び西南方は視界良好、アムチトカ島も飛行適」

橋本の答えは変わらなかった。木村は目をつむり、じっと考え込んだ。艦橋にいる全乗員が固唾《かたず》を飲んだ。どのくらいの時間が経っただろう。木村はきっと顔を上げ、有近の方を向いた。

「先任参謀、帰ろう」

艦橋全体が息を呑むように静まり返った。すぐに有近が反応した。

「わかりました。ただいまより幌筵に帰投いたします。艦長お願いします」

艦長が穏やかな口調で航海長に反転、幌筵に向かうように指示した。「阿武隈」の針路が西に変わった。

木村はだれに言うともなくつぶやいた。

「帰ればもう一度来ることができるからなあ」

――ミ、ミ、ミ

ミが三つ続いた。十五日午後一時十五分、入電した。「ミ」の連送は「突入不能」の暗号だ。キスカ島電信室は騒然となった。ただちに、幌筵の第五艦隊に「決行の有無」について問い合わせをしたが、もう救援艦隊は反転した後だった。

第五艦隊司令部は午後一時二十五分、電令第三三四号を発した。

――水雷部隊、補給隊、粟田丸は幌筵に帰投すべし　極力燃料節減　秘匿に努むべし

キスカ島全体が北太平洋の深い海に沈んだ。この五日間はだれもが自分の中で期待と落胆、生と死を行ったり来たりの繰り返しだっただけに最後の落胆はあまりにも大きい。小野打も同様だった。

「もうだめだ。アッツ島と同じように玉砕するしかない。だれもそうは言いませんでしたけど、みんなそう思っていました。気持ちの糸が切れたんですわ」

だれも声を発する者もいなかった。ただ、物憂げに兵舎に寝転がり、ごろごろするだけだった。夜になり、食事になったが、撤収の際、貯蔵していた食料を渓流に流して廃棄したこともあり、飯だけが並んだ。話をする者もなく、ただ飯を口に運んでいた。

「戦闘態勢に復旧せよ」との命令で、埋めていた砲弾や銃器を再び、使用できるようにする作業や兵舎の復旧などやることは山のようにあったが、士気は上がらない。いったん、撤収と決まった後、再び戦意を高めることは困難だった。

「ケ号作戦」の失敗後、いままでにはない光景があちこちで見られるようになった。相変わらず、空襲はあったが、その合間に草っ原に寝転んだり、花を眺めたりする姿があった。小野打も空襲が来ても、防空壕に逃げ込まず、敵機を眺めた。

「どうせ死ぬなら、一発で死んだ方がまし。撃たれてもいい」

焦燥感を通り越し、あきらめの境地に達してしまった。あまりの絶望感から自殺した将兵もいた。

キスカ気象班の「突入適」という予測に反して、救援艦隊が慎重な姿勢に終始したことを知っているキスカ島陸海幹部の間には木村に対する批判が渦巻いた。

戦後に編纂された防衛庁戦史部でさえ、――一水戦司令部の判断は天候判断が第五艦隊司令部あるいは五一根司令部（キスカ）と異なっており、全般的に極めて慎重であったといえよう――と書かれている。

「一〇〇パーセントの成功を望むがごときは平時においても至難なるを、戦時においてなおかつこれを望むは将たる器に乏しというべし。これを要するに、作戦の不成功は指揮官の決断力なかりしが唯一の原因とす」

キスカ島の海軍参謀、山本壮吉は激しい調子で木村を批判している。

――作戦不成功により心、物両面に与えた影響は極めて大にして、なるべく早期に再挙決行を要す、特に士気昂揚に関しては極力指導中

山本は一水戦司令部宛てに早期の再度決行を促す電信を打った。

海軍守備隊司令官の秋山の日記にもがっかりした心情が端的に記されている。

――七月十五日　十三日、十四日、十五日の好機を失し遂に中止となす――

「帰投」の決断を下した木村に迷いはなかったのか。少ない記述の日記から見てみる。

――〇二〇〇、〇三〇〇「ス」を打つ　朝より霧薄く空高く視界十メートル位となり――

――一〇〇〇まで航行を続行〇六〇〇の気象図を見て取り止め下令す――

――突入の未明（〇一〇〇頃）より鳴神南西端が急所――

最後の一文は「午前一時からキスカ島西南端まで時間で八時間、距離にして百五十海里（約二百七十キロ）、この間さえ無事ならば、作戦は成功するのに」という悔しさを書き綴っているようにも取れる。

ただし、これは木村の性分だろう。終わったことに拘泥《こうでい》することはない。

帰投を決めたのが十五日午前九時だが、突入不能の暗号「ミ」を連送したのは午後一時十五分と四時間の時間差がある。

反転して針路を幌筵島に向けたときに先任参謀の有近が電信を申し出た。

「キスカ島の守備隊に作戦中止を知らせます。陸軍部隊は毎日数キロの道のりを歩いて不憫ですから」

木村はいつになく、厳しい口調だった。

「それはいかん。いま電波を出したら敵に我々の意図が察知されてしまう。この作戦はまだ終わっていない。いましばらく辛抱してもらおう」

午後四時、「音楽遊戯許す」の命令が下った。まだ敵の哨戒圏だったが、艦内の雰囲気を一掃する狙いだった。

幌筵に帰投した後に再度、今回の作戦中止を振り返って日記に書いている。

――十五日　〇二〇〇頃曇りとなる鳴神直距離一八〇海里　〇四〇〇頃視界一五～二〇キロ　〇二〇〇〇三〇〇『ス』を打つ――

――〇九〇〇まで頑張り行きたるも視界ますます開け……反転一五〇海里再挙を期す――

――〇五〇〇及び〇八〇〇太陽を天測す――

――結果はこの日航空機飛ばざりき――

十五日は視界良好で、アムチトカ島航空基地は「飛行適」との判断で帰投を決めたが、実際には敵の哨戒機の飛行がなかったことがわかり、木村の心は揺れている。口には出さなかっただろうが、「行けば成功していたかもしれない」という若干の後悔の念が「飛ばざりき」という言葉に凝縮されている。

上層部の不満

第五艦隊司令部は十七日に海軍軍令部と打ち合わせをした際、――現在は最大兵力を充当しあり一挙撤収作戦、いま一回全力撤収作戦を実施す、断行――という文章が残っている。

防衛庁戦史部が当時の状況を解説している。

――アッツ島玉砕で陸軍に対し、苦しい立場にあった海軍としては北方部隊の断行を切望していた――

アッツ島に救援部隊も増援部隊も、補給さえ行うことができずに放棄するに至ったことで、恩をきせられることになった陸軍に対するメンツもあり、海軍上層部はキスカ撤退作戦を実施しなければならない立場だった。それは何人を救出するかではなく、最大限の努力で実施するということに意義があった。

第五艦隊司令部にはそのことで海軍軍令部の強い圧力がかかっていた。作戦中止の後、すぐに軍令部から叱責され、キスカ島守備隊と同様に「なぜ突入しなかったか」という不満が強かった第五艦隊司令部参謀長の大和田昇は、「第一次の際は水雷戦隊胆なし」と切り捨てるような発言をしている。

「阿武隈」が幌筵に向かっている途中の十六日正午、第五艦隊司令部からの電報を受け取った。

――「阿武隈」は単独先行幌筵に帰投せよ　着予定中波にて知らせよ

旗艦「阿武隈」だけ速力を上げて、帰って来い。しかもそれを敵に察知されやすい中波を使って連絡しろという。理解しがたい連絡であるが、第五艦隊司令部のいら立ちを如実に表している。

十七日午後三時三十分、「阿武隈」は幌筵に帰投。不満が蓄積している幌筵は針の筵だった。

「一水戦は臆病風に吹かれた」

「断じて行えば鬼神も退くだ」

「リスクを冒さずしてこの作戦ができるか」

「燃料の逼迫もわからないのか」

悪評、陰口がいやでも耳に入ってきた。有近はついに第五艦隊参謀長とやり合った。

「哨戒機がなんだ」

「司令官不信ですか」

「いや司令官は十分に信頼しているよ」

「それでは先任参謀の補佐不十分ということ。それほど不信ならば、先任参謀を罷免《ひめん》してもらいたい」

「いまさらそんなことできるか」

「それなら一水戦が健全な限り黙っていただきたい」

第五艦隊には不穏な空気が漂っていた。それでも、木村は知ってか知らずか、いつも通り平然としていた。

木村の救援艦隊と幌筵の第五艦隊、キスカ島の守備隊の間で、「突入」に関して、なぜこれほどまでの差があるのだろうか。実行部隊の救援艦隊と、「一刻も早く帰りたい」という守備隊、暗号でのやりとり以外は想像を巡らせるしかない第五艦隊という立場や距離の違いよりも、全員撤収イコール作戦成功という救援艦隊と、突入していれば、全員とはいえないまでもある程度の成果は得られたという守備隊、第五艦隊との作戦達成度の違いだった。

優柔不断という印象を残した木村に対する第五艦隊司令部の姿勢は第二次作戦の態勢で明

確になった。

第五艦隊司令長官の河瀬四郎が軽巡洋艦「多摩」で救援隊に同行し、突入前日の午後十時まで指揮することが決まった。

十九日午後九時から、救援艦隊の艦長や参謀が出席した幹部会議が「阿武隈」艦内で開かれた。会議では長官同行に対する不満が爆発、過激な意見が相次いだ。

「直率するならなぜ突入、撤収と最後まで指揮しないのか」

「突入の号令をかけるだけのために前日の夜まで同行し、あとは突入部隊の収容に備えよというのでは、救援艦隊への不信感によるものだ」

前日の天候で突入の判断はできないことを身をもって経験しているため、「前日に決定できるか」「長官はなぜ最後まで同行しないのか」の二点について、会議はエキサイト、第五艦隊司令部への批判が次から次へと出た。帰投した幌筵での自分たちに対する冷たい仕打ちと、木村に対する当てつけのような「長官同行」に激高した幹部らは、「木村司令官のために死のう」と異口同音に言った。激論は続き、終わりが見えなかったが、じっとみんなの話を聞き、無言だった木村が一言、「わかりました」と言うと、すべてが決着した。

作戦が不成功に終わったことで、相互不信のほころびが見えかけていたが、腰抜けといわんばかりの批判にさらされたことで、木村の下で一つにまとまり、上下ともに「次の作戦は成功させる」との意を強くする結果になった。

木村の日記には「長官同行」などの事項はなく、いつものように会議の要点のみだが、ひとつだけいつもと違うところがある。

――中村昇　断行せざりしは遺憾――

駆逐艦「五月雨《さみだれ》」の艦長発言を書き残している。中村は洋上でも発光信号で幾度も木村に突入の催促をした。第五艦隊の仕打ちは意に介さなくとも、信頼している部下の言葉は心に引っかかるところがあった。

幌筵に悲報が届いた。木村に憧れ、海軍兵学校に入学した弟の近藤一声の戦死の知らせだった。

――一声君も華々しく戦死せしなむ　予《かね》て誓挙名聲弟與兄《ちかつてなをあげんおとうととあにと》の約の通り実行されし　また憲兄の分まで余と両人にて償はむの約の通り充分にご奉公をなせり――

日記である。

一声は第二水雷戦隊旗艦「神通《じんつう》」の副長として、ソロモンに出撃、コロンバンガラ島沖で米艦隊と遭遇、米巡洋艦三隻の艦砲射撃を一身に受け、壮烈なる戦死を遂げた。歴史学者のサミュエル・モリソンは「神通こそ太平洋戦争中もっとも激しく戦った日本軍艦である」と記している。

憲兄は実兄の近藤憲治のことで、昭和十五（一九四〇）年に病気で亡くなっている。「予て誓挙名聲弟與兄」は木村・近藤兄弟と同様、海軍軍人兄弟の広瀬武夫の詩の結句だ。広瀬兄弟にあやかり、ともに立派な「干城」となろうと約束したのだろうか。木村は母親の実家の姓を名乗ったが、兄弟二人は父親姓の近藤だった。三兄弟のうち二人が亡くなり、木村も生死を賭けた作戦に臨んでいる。

「七月十二日の夜べし」とあり、はるか南方の一声戦死は、木村がキスカ目前の海上で逡巡している夜だった。

「七日出撃十七日帰投幌筵」の横に五言絶句がしたためられている。

濃霧覆天暗（濃霧天を覆うて暗し）
匆忙不貸時（匆忙《そうぼう》時を貸さず）
傷心征戍士（傷心征戍《せいじゅ》の士）
独恃百神慈（独り恃《たの》む百神の慈）

征戍は僻地で守備につく兵士のことで、霧が覆う薄暗いキスカにいる五千二百人の心情に思いをはせながら、信心深い木村は最後には神にもすがる心境で決意を新たにしている。

第九章　第二次撤退作戦

再出撃

七月二十二日午後八時十分再出撃、突入予定は二十六日だ。第一次作戦との違いは、陸軍の高射砲を「阿武隈」と「木曾」の後部甲板に装備、隊員十人ずつが乗ったことと、将旗を掲げた巡洋艦「多摩」が同行することだった。「多摩」には第五艦隊司令長官の河瀬以下、参謀長、気象長など幕僚が乗り、救援艦隊の旗艦は「阿武隈」から「多摩」に変わった。

翌二十三日は視界一キロ以下の濃霧。遅れていた補給艦「日本丸」「国後《くなしり》」が、前の艦からロープでつながれている目印の霧中浮標を見失い、隊列から離れてしまった。「日本丸」とは連絡は取れているが、位置関係が把握できず、「国後」はまったく連絡の取れない状態だった。

二十四日午後三時、両補給艦は依然、隊列に加わっていないため、木村は危険ではあるが、「日本丸」と連絡と取りながら、新たに戦列に加わった陸軍高射砲隊の試射を兼ね、高射砲を発射し、音が聞こえた方向に誘導することにした。四十分後、「日本丸」発見、あとは「国後」だけだった。

「阿武隈」では「日本丸」発見を慶事として、その日の夜食におはぎを出すと、木村は「これはうまい」とヒゲを持ち上げながら食べた。高射砲隊員が「陸軍ではこんなにおいしい夜食はありません」と喜んだ。今回も「木曾」にはキスカ島から報告のために帰ってきた陸軍次席参謀の藤井一美が乗り込んでおり、陸海ともにいい雰囲気のままの第二次作戦だった。

この日、米哨戒艇「PBY」がキスカ島南西三百十五海里に七個のレーダー映像を探知したと報告している。

二十五日、アッツ島とアムチトカ島の敵機が飛行できる哨戒圏五百海里から出て、順次「日本丸」からの燃料補給を受けた。午後五時、「阿武隈」など三艦が米海軍の共通呼び出し符号「NERK」を米海軍用電波四千二百三十五キロヘルツで傍受。午後八時、多摩が二九〇～三三〇度方向に米潜水艦のレーダー映像を探知した。

艦隊の先頭を行く「阿武隈」は米潜水艦を避けるため針路を一八〇度、速力十四ノットに指示した。

しかし、後続の「多摩」に乗る艦隊司令部は針路三〇〇度にしろと命令してきた。できるだけキスカから遠ざかるなという指示だが、三〇〇度方向というのは米潜水艦のレーダー映像を探知したのと同じ方向で危険だ。

「阿武隈」の有近はすぐに照会信号を送った。

――三〇〇度に変針の要ありや

なぜ潜水艦に近づくのかと言いたげな食ってかかったような信号である。これに対し、艦隊司令部は返答の信号を出した。

――任務達成上必要と認む

強い命令だ。一水戦司令部の戦闘詳報には「第五艦隊の意図理解できず」と不満が述べられている。

第五艦隊司令部は「突入する」ということが第一義になってしまっており、救援艦隊の慎重さを歯がゆく感じているのがわかる。双方のぎくしゃくした関係は一向に修復されていないままである。

二十六日も相変わらずの濃霧。視界は三百メートルしかない。午後五時四十四分のことだった。「阿武隈」艦橋で見張り員が叫んだ。

「右七〇度、黒いもの」

木村は間髪入れずに大声で命令した。

「戦闘」

声が全員に届くか届かないうちに、右舷後方で衝撃がした。

「防水」

連絡が取れなかった補給艦「国後」だ。突然、霧の中から姿を現し、「阿武隈」に衝突したのだった。幸い、両艦ともに損傷は小さく、作戦続行に支障はなかったが、突入予定日が事故の影響で二十九日までずれ込んだ。

事故後、「阿武隈」では有近が「申し訳ありません」と木村に頭を下げた。

「心配するな、不可抗力だ、任務行動に支障がないし、人員のけがもなかった。それよりもこれからが大切、この調子なら霧は満点、がんばってくれ」

木村は周囲に言い聞かせるような、大きな声で言った。

「これだけの事故が起こるほどだから霧の具合は申し分ないということだ。結構なことではないか、なあ艦長」

「阿武隈」の損傷箇所は烹水所付近だった。水雷長の石田捨雄の狂歌が士官室の黒板に書かれた。

銀蠅に舌鼓打つ主計長
あっと驚く国後のバウ

銀蠅はつまみ食いのことで、市川主計長がつまみ食いをしているところに「国後」のバウ（艦首）が飛び込んできたというものだが、緊張の極みにあるはずの作戦中の事故でも、明るく笑い飛ばした。

米軍は日本軍の電信を傍受し、暗号解析をした結果、「第五艦隊は千島を出港し、西経の七月二十五日（日本時間二十六日）か二十六日（同二十七日）にキスカ増援を試みる」とみており、日本の動きを知りつつ、キスカ近くに来るまで泳がせていたことになる。キスカ守備隊からの電信の「二十六日は好適」という暗号電信を正確に解析し、その裏付けとして二十四日に潜水艦を艦隊に接近させ、確信を得ていた。

米北太平洋方面軍司令官のキンケイドは第五艦隊を一気に仕留めるため、ギッフェン指揮下の戦艦二隻、重巡洋艦四隻、軽巡洋艦一隻、駆逐艦七隻の大艦隊を出撃させていた。日本軍のルートはキスカ島の南西からと推測し、ギッフェンは南西海域に向かった。二十三日には行きがけの駄賃に、キスカに三千発以上の砲弾を撃ち込んだ。

二十六日夜、キスカ守備隊から不可思議な電信が入ってきた。

——二〇〇五ごろより四十分間ほど殷々たる砲声断続す。交戦のありたるものとみとむ

山中の陸軍部隊も「西方の水平線で激しい艦隊間の砲戦らしき曳光と轟音を聞く」とある。第五艦隊はキスカの南西五百海里の海域で、「阿武隈」と「国後」が衝突し右往左往しているときで、海戦どころではない。

キスカ南西海上で、第五艦隊を待ち伏せしていた米戦艦「ミシシッピー」が午後七時七分、左方向約二十八キロの地点にレーダー探知した。ほぼ同時刻、戦艦や巡洋艦など数隻が同じ地点にレーダー探知した。正確な暗号解析に自信を深めているギッフェンは「来た、来た」とばかりに総攻撃を命じた。

戦艦二隻、巡洋艦四隻がいっせいに二十八キロ先の目標に対し、砲撃を開始。戦艦は十四インチ（三十六センチ）砲五百十八発、巡洋艦は八インチ（二十センチ）砲四百八十七発を撃ち込んだ。すさまじい砲撃である。

「撃ち方止め」

ギッフェンが命令したときにはレーダー画面から目標が消えていた。撃沈である。

翌二十七日朝、目標地点に哨戒機を巡回捜索させたが、艦船の破片どころかクジラの残骸すら発見できなかった。だが、ギッフェンは「敵艦隊全滅」を確信し、キスカの南南東百五海里の洋上で補給艦「ペコス」から弾薬と燃料の補給を受けるように命令した。

レーダーが探知したのは約百八十五キロ先のアムチトカ島などの島々の反響映像だった。幻の日本艦隊に猛攻撃を加えた戦闘は、後に「ザ・バトル・オブ・ピップス」（幽霊との戦闘）と呼ばれた。

米軍はミッドウェー海戦以降、暗号解析に先んじたおかげで連戦連勝、しかも日本軍はそのことに気づいていないとみており、情報を過信するあまり、その情報に疑念を持たなくなっていた。

米艦隊が補給地点に集合する予定時刻は二十九日午前四時。キスカ突入予定日の朝だった。キスカを取り巻いていた米艦隊包囲網がモーゼの出エジプト記のように、このときだけ道を空けた。

二十九日の突入予定日を明日に控えた二十八日。全員の関心は霧の発生状況にあった。気象士官の橋本は天気図から刻々と翌日の天候を予測した。

二十八日午前一時の予測は「二十九日曇り」。午前六時は「二十九日曇り霧断続」と予測し、いずれも「突入不適」と判断する要素はない。

キスカ島からの報告でも二十八日は空襲五回延べ二十九機と少なく、敵情は閑散。視界二～四メートルで「飛行不適」だった。

天候とキスカ島の状況から判断して、木村は二十九日の突入を決意した。

午前八時二十五分、第一輸送隊を「阿武隈」と二番隊の駆逐艦、第二輸送隊を「木曾」と三番隊の駆逐艦、警戒隊の駆逐艦「島風」「五月雨」は第一輸送隊前方、駆逐艦「長波」は第二輸送隊の後方に付くように発光信号で命令。突入態勢を整えた。

正午になり、キスカ守備隊の天候予測を入電した。

――南より後、東風弱く、霧多き見込み、飛行不適

二十九日突入に迷うものは何もなくなった。しかし、突入の判断は「多摩」に乗る第五艦隊長官である河瀬四郎が下すことになっている。

だが、河瀬は迷っていた。防衛庁戦史でも「艦隊司令部は判断に迷った」とある。作戦終了後、第五艦隊参謀長の大和田昇が海軍軍令部に報告に行った際、「長官に突入を令す気概なし」「消極戦術（撤収作戦のような）には兵術思想の統一困難なり」と発言している。第一次作戦終了後、「一水戦に胆なし」と切り捨てている大和田にとって、成功の有無よりも、

突入の有無だけが大事だったとみえる。

午後三時、艦隊司令部の天候予測でも「曇り、雲高二百メートル、淡霧視界四キロ、飛行不適」だった。河瀬は突入することを決めた。しかし、まだ不安だった。当初、突入前日の午後十時までの同行という計画だったが、引き返さず、さらに同行を続けた。救援艦隊の指摘通り、前日の天候予測だけでは判断するのは不可能なことを現場に出て、初めて悟った。

キスカが近づいてきた。日付が変わった二十九日。午前零時の橋本の天候予測が出た。

「午前濃霧または霧雨、午後曇りとなり霧薄らぐ」

艦隊司令部の予測も変わらなかった。

「終日、霧または雨、視界不良、飛行不適」

「多摩」に乗っていた艦隊司令部幹部は抱き合って喜んだ。午前一時十五分、河瀬は木村に信号を送った。

——霧の状況、行動に最適、天佑神助《てんゆうしんじょ》なり
午前三時、木村は速力を十八ノットに上げるように指示。午前六時二十五分、各艦に発光信号を送った。

——一四三〇突入の予定　各員協同一致任務の達成を期せよ
「阿武隈」艦内はさすがに緊張感が漂っている。木村は雨天用コートから少将の襟章がのぞいている。だれもが真新しい軍装に着替えていた。午前三時、武運長久を祈り総員黙禱《もくとう》。視界一キロ。敵機は動く様子もない。

「先任参謀、きょうは大丈夫行けるぞ。長官に具申してお別れしよう。『多摩』を切り離すのは早い方がいいぞ」

午前七時に艦隊参謀長宛てに信号を送った。

――本日の天佑我にありと信ず　適宜反転あり

わだかまりのあった救援艦隊と艦隊司令部だが、この期《ご》に及んでは大事の上の小事である。河瀬長官から返信が来た。

――鳴神港に突入の任務を達成せよ成功を祈る

ユ、ユ、ユ

突入予定日の朝である。小野打はどんな電信も聞き漏らすまいとレシーバーに耳を当てていた。天候は深い霧。前回も霧だったが、救援部隊はミ、ミ、ミの連送を打電してきた。今回は必ず来る。

「――・・――」「――・・――」「――・・――」

レシーバーにはっきりと聞こえた。日本海軍特有の音色だ。感度もいい。キスカの近くまで来ている。自信を持って受信紙に書き入れた。

「ユ・ユ・ユ・一八・七・二九・〇九〇〇」

小野打の受信紙を見た当直下士官が大声で告げる。

「通信士、ユ受信」

だれかが受信紙をひったくり、電信室を出て行った。「ワァー」という歓声が上がる。「来た来た」と言いながら、躍り上がる。「万歳」と叫びながら室外に飛び出す。抱き合い肩をたたき合う。電信室は喜びの余り、騒然となった。

ユの三連送は四時間繰り上げ入港の暗号だった。入港予定時刻が午後五時だから午後一時には待ちに待った救援部隊が入港してくることになる。何があるかわからない。当直の小野打はレシーバーに集中。五分後に再び、ユの三連送を受信した。間違いない。来る。

「当直員以外撤去準備にかかり、完了次第海岸で待機」

通信長の命令が出た。送信所、電探基地、ラジオビーコン発射所に電話で同様の命令が伝達された。艦隊入港まで四時間しかない。暗号書、機密文書の仕分け、電信室の爆破準備と予め決められた通りに作業が進んだ。

小野打の隣の受信機で米空軍の電信を傍受していた兵長が急に緊張した面持ちで、受信紙に書き始めた。米軍傍受の予備士官が飛んで来た。一瞬、あれだけざわついていた電信室が静まり返った。予備士官が暗号解析を始めた。メモ書きを重ねる。予備士官はアムチトカ島の基地からの発着通信で敵機の行き先や目的などを解読できるようになっていた。

「万歳、もう飛行機は飛ばんぞ」

メモを後ろからのぞき込んでいた兵曹が叫んだ。濃霧のため、アムチトカ島の哨戒機が飛行中止の電信を打ったことがわかった。解読に成功した予備士官。不安そうに手を止めていた全員がいっせいに拍手をする。

「敵機飛行不可」の電信が暗号化され、守備隊や救援艦隊に伝えられた。もう大丈夫だ。

「腹減ったわ」

　安心したのか、急に空腹を覚えた。足下にはいつでも撤収できるように、短剣と短銃、雑《ざつ》嚢《のう》を置いている。雑嚢には下着と日用品、乾パンだけだ。乾パンを取り出し、みんなに一枚ずつ渡す。短剣と短銃は乗艦するときには海中に捨てることになっている。

　電信室は三十坪ほどの大きさで、空襲を避けて、すモッコとツルハシの手作業で作った。手が空いている者が爆破装置の点検を始めた。

　午前十一時になった。あと二時間。キスカ守備隊が最後の打電をする時間が迫った。

——救援艦隊入港の予定、成功間違いなし、これにて電信室を爆破す、艦隊のご苦労に深謝す
　アッツ島最後の電信は「電信機を爆破、これより総攻撃す」だった。昭和十七（一九四二）年六月、米国領のキスカ島、アッツ島を占領。一年後、日本に近いアッツ島には米軍が上陸、玉砕した。キスカ島は全員が助かろうとしている。どこに違いがあったのだろうか。

「当直下士官、発信します」

　電鍵がカタカタ鳴り始めた。一年間占領した米国領からの最後の電信だった。

　同時刻、救援艦隊を誘導するラジオビーコン発射の指令が出た。

　午前十一時二十分、当直下士官が処分するため、受信紙を集めに来た。小野打はそっと一枚をポケットに入れた。「ユ、ユ、ユ」と書いた受信紙。小野打が生還する証だった。

午前十一時三十分。

「準備ができた者から壕外に待機」

最後まで残っているのは十人。救援艦隊との最後の通信手段である移動電信機を若手が背負い、小野打は電池を背負った。

小野打が壕を出るとき、タイマーが作動。もう戻ることはない。電池の液の匂いが背中から漂う。壕の外に出ると一面の乳白色の世界。出てくる者が口々に「すごい霧だ」。うれしそうに言う。これほど霧がありがたかったこともない。

「みんなそろったか。出発」

雪解けのツンドラで足を取られる。海岸まで約二キロの道のり。通い慣れた道である。あちこちの兵舎から偽装工作の煙りが上がっていた。

小野打が海岸に到着したときには陸海の将兵が二列ずつになり、整列して座っていた。第一陣の陸軍部隊はすでに大発に乗り込み、いつでも乗艦できる態勢になっている。木村が断固として要望していた一時間で乗艦作業を終わらせるのが成功の条件であることはキスカ守備隊にも浸透していた。もう艦隊の姿が見えるのではないか。五千二百人全員が霧の彼方を見つめていた。後一時間。

小キスカ

通常、島の東岸にあるキスカ湾に入港するには南東方向から進入するが、今回は敵との遭遇確率が低い西北から進入するルートを取った。守備隊が発信しているラジオビーコンを頼りに島を四分の三周することになる。先任参謀の有近は島の西南端のステファン岬を確認しようと目を凝らしていたが、霧に覆われ何も見えない。もうだめかなと思っていた午前十一時六分、岬を発見した。キスカの島影だ。

陸地との距離を保ちつつ救援艦隊北上。「阿武隈」の艦橋では、見張り員と測深員の報告だけが響いた。

「大したことないな」

あまりの緊張に有近が強がりを言った。木村はいつもと変わらぬ表情で、ただ前を向いているだけだった。

午後零時十二分、救援艦隊は島の北端を迂回、ビーコンを聞きながら、針路を南に変えた。後は真っ直ぐにキスカ湾に直行するだけだ。

午後一時七分、キスカ湾目前、警戒隊の駆逐艦「島風」が敵レーダー波を探知した。これより先の十時五十五分にレーダー波を探知、十一時五十分にはキスカ守備隊から「艦艇音を聴く」との報告があった。敵艦艇がいるかもしれないと緊張した。

そのとき、入港作業をしていた前甲板の一分隊長が報告した。

「敵らしきもの左艦首前方」

艦橋で全員がその方向を見ると、霧の中に黒い影が浮かんだ。味方艦隊の可能性がゼロであるこの場合、もっとも注意しなければならないのは「躊躇逡巡」である。

「司令官、敵艦らしいです。攻撃します」

「よし」

「砲戦、魚雷戦」

「発射始め」

「撃ち方始め」

「阿武隈」は右に回りながら、左舷四本の九三式酸素魚雷を発射した。

発射と同時に霧が急に晴れ、周囲が見渡せるようになった。敵艦が姿を現した。それは小キスカの島影だった。何かを言う間もなく、轟音が響く。魚雷が島に見事に命中。ばつの悪そうな失笑が艦内に広がった。

狂歌が得意の水雷長、石田がすぐさま一首。

一番が敵だ敵だとわめきたて　さっと打ち出す二十万円
一番は一分隊長の通称で、魚雷が一本五万円で合わせて二十万円もかかったという。魚雷一本で東京都知事の年収に匹敵した。失敗ではあるが、なんとも明るい雰囲気だった。後に石田は「あの土壇場での敵発見の報に転瞬の遅滞もなくよく撃ち出せたと思います」と語っている。有近が木村に頭を下げた。

「司令官、いまのは私の誤り、小キスカの山でした」

「それよりも島が見えたのが何よりもうれしい」

警戒隊の「島風」、「五月雨」、「長波」の三隻は湾外に、「阿武隈」など収容部隊八隻は打ち合わせ通り湾内の所定位置に錨を下ろした。

木村の目には涙がにじんでいた。有近の肩を叩いて、一言だけ言った。

「よかったな」

七月二十九日午後一時四十分。ついにキスカに入港した。


陸軍高射砲隊がキスカ湾で整列して救援艦隊を待っているとき、犬の鳴き声がした。軍用犬のシェパード「勝」と「正勇」だ。

「勝、勝」

隊員が近寄ると、逃げる。あれほどなついていたのに、何かを感じたのだろうか。勝は高射砲隊とともに日本から同乗、一緒に船酔いもし、空襲のときはだれよりも早く防空壕に駆け込んだ同志だった。

「勝、だれもこの島には残らないぞ」

数人で、捕まえようとすると、すっと逃げる。

あきらめようとしたときに突如、腹に響く爆発音がした。砂浜に身を伏せる。音は湾口の方角だ。救援艦隊が敵に見つかったのだろうか。爆撃の嵐を予想した。やっぱりだめだったのか。だが、再び静寂に戻った。何が起きたかわからない。そろそろと砂浜に身を起こして見るが何も見えない。全員が立ち上がり、外套の砂を払っていた。そのとき、前列の将兵はまた、ばたばたと砂浜に伏せた。黒い艦船の影だ。

「敵艦だ」

「鉄帽かぶれ」

「動くな」

緊張した声で命令が飛ぶ。砂浜に伏せた姿勢のまま時間が過ぎる。

海軍の指揮官の笛が鳴る。なんの合図かわからない。

「『阿武隈』だ」

海軍の将兵の声が聞こえた。四隻が見えた。みんなもう立ち上がっている。五隻、六隻、七隻、八隻。

「日本の軍艦だ」

「まだ残っていたのだ」

泣いていた。声が震えて声にならない。それでも列は乱れない。餓死しなくてもよかった。玉砕しなくてもよかった。伸びきったひげ面を涙が濡らした。

「ほんとに助けに来てくれたんだ」

「ほんとだった。ありがとう。ありがとう」

感激している間もなく、第一陣の大発が沖の艦艇目指して進んでいる。艦隊からも次々大発が下ろされ、陸地に向かっている。砂浜に到着すると整然と乗り込み、すぐにまた艦艇に引き返す。大発から乗艦する前、三八式歩兵銃が海にドボンドボンと投げ込まれる。命にかけても手放すなと教えられた歩兵銃である。身軽になって、順々にはしごを上る。カバン一つのはずが手に何かを持ってはしごを上ろうとする者がいた。

「荷物は捨てろ」

甲板からメガホンで命令が飛ぶ。

「これは戦友の遺品、遺骨であります」

「遺品、遺骨は許す」

全員が乗艦すると、大発の底の栓が抜かれた。生きている喜びを爆発させるかのように一気に縄ばしごを駆け上る守備隊隊員。上からは「がんばれ、がんばれ」と、手を差しのべる救援艦隊隊員。「ただ日本の軍艦に乗ることさえできれば、あとはどうなってもよいと思いました。本当にありがとうございました」。一礼して艦内に向かう守備隊隊員もいた。

陸軍守備隊司令官の峯木十一郎は最後の一兵まで乗り込むのを確認していた。

「残っている兵はおらんだろうな。病人は全部収容したか」

「犬二匹は偽装のため残しましたが、島にはもはや一人の兵もいません」

峯木のひげ面がわずかながら、ほころんだ。

「あとは海軍さんまかせだなあ」

峯木が乗艦するのは第二輸送隊の巡洋艦「木曾」だ。甲板に上がると、「もうキスカには帰って来るな」と命令し、幌筵に派遣したキスカ守備隊参謀の藤井一美が出迎えてくれた。

「やっぱり来たのか。しかし、よかったよかった」

キスカに戻ることは死ぬ確率が高い。有能な部下を無駄死にさせたくない。「来るな」と命令したが、藤井は必ず戻ってくると信じていた。そのため、「やっぱり来たのか」という言葉が口をついた。信頼する部下が命令に背いてまで、出迎えてくれたことはやはりありがたい。峯木の鷹揚さと温かさ、率直さは木村と同じ匂いを感じる。だから、藤井は戻ってきた。

最後の命綱である移動電信機を背負っている小野打は一兵も残っていないか確認する海軍守備隊司令官の秋山勝三とともに、最後の大発で乗艦することになっていた。波打ち際で大発が近づいて来るのを待っていると、兵舎につないであったはずの海軍の軍用犬「北」が尾を振って駆け寄ってきた。「北」は野草などの毒味をするために連れて来られた寒さに強い北海道犬だ。小野打の足下にすり寄ってくる。乾パンを与えても行こうとはしない。

「乗艇用意」

砂浜にのめり込ませて停止。艇首が開くと列を崩さないように手早く乗り込む。

「全員乗艇完了」

エンジン音が高くなり、後進全速。もうキスカには五千二百人の兵士は一人も残っていない。「北」がこちらに向かって吠えたてていた。仕方がない。ただ無言で見守った。生きろよ。霧が晴れ始め、かなり視界が開けてきた。急がなければならない。

大発が「阿武隈」に近づく。先に到着している仲間がロープをよじ登っているのが見える。

小野打は短剣と拳銃を海に投げ込んだ。最後は移動電信機だ。二人がかりで持ち上げて、投げ込むと、すぐに海中に沈んでいった。海底には五千二百人分の軍人の魂ともいえる銃や短剣が沈んでいる。

小野打の魂は電信機だが、魂といえども所詮は物である。しかし戦時中、そんなことを言える雰囲気があるはずもない。過去の日本軍で戦場から撤収する際に菊の御紋が付いた歩兵銃を放棄させた例はないだろう。これまで公式に「撤退」したことはなく、すべては次の戦いのため戦地を移す「転進」である。その戦いに備え、武器は必要であり、放棄することは考えられない。銃を運ぶよりも一人でも多くの兵士を救いたい。木村以外の指揮官であったら、「全員武器を捨てろ」という指示をしただろうか。周囲の批判を恐れ、大胆な命令は出せなかったのではないだろうか。

秋山が縄ばしごを上る。幕僚が続く。甲板では木村や有近ら司令部が出迎えている。

襟章が付いた真新しい少将軍装の木村と、泥も付き何十日も来たままの少将軍服の秋山。同じヒゲでも秋山のヒゲはただ伸びきっていた。海軍二千七百人の命を預かった一年間の労苦がにじむ。

「司令官ありがとう」

「お互いに本当によかったな」

短い言葉を交わし、固く握手をした。木村も秋山も泣いているように見えた。

「阿武隈」と守備隊の司令部士官が居並ぶわきでこの光景を見ていた小野打は鮮烈に覚えて

いる。六十六年経ったいまでも、二人の目が潤んでいたのを記憶している。この人が「命の恩人」。木村昌福だった。

午後二時三十五分。木村の「先任参謀、出港だ」の命令でキスカ出港。五千二百人を収容するのにかかった所要時間はわずか五十五分。救援艦隊と陸海守備隊の用意周到な準備と訓練の賜だった。

陸軍高射砲隊が乗艦したのは駆逐艦「薄雲《うすぐも》」である。艦内にはできるかぎりの将兵を乗せるため、いすも机も取り外されていた。

出港から三十分。振動からかなりのスピードでキスカを離れているのがわかる。「薄雲」の海軍将兵も緊張している。

救出された将兵は戦闘帽のあごひももそのままに、じっと身を潜めている。話し声が敵艦に聞こえるはずもないのに、声も聞こえない。キスカでの砲撃と空襲を連日、浴びているだけに、今日だけ何もないのはおかしい。そろそろ来るのではないか。いつドカンとなっても不思議ではない。救援艦隊よりも、守備隊の方が身をもって知っていた。

一時間が経った。ようやく安堵の空気が漂う。若い水兵が一人ずつ袋を配り始める。乾パンと金平糖だ。金平糖をなめると、懐かしいふるさとの味がする。日本に帰るんだ。一粒ずつ一粒ずつ、ゆっくりとなめる。溶けるのがもったいない。長い時間をかけて、死から生への門出を一人で祝った。

「いまこの艦はどの方面に向かっていますか」

「キスカから島を北回りして北太平洋の真っ直中に向かって走っています」

「海軍さんにはずいぶんお世話になります」

「お互いさまです。長い間、ご苦労さまでした」

救援艦隊は士官以下全員丸腰。必要のない計器は陸に置いてきた。

「敵の本格的な攻撃を受けても大丈夫ですか」

「そのときはお手上げです」

守備隊を救出するために、命も厭《いと》わぬ死力を尽くしての作戦だった。こんな霧なのに来ない。なぜ来ない。いつになるのか。いつ来る。恨み言を言っていた陸軍将兵は救援艦隊に頭が下がった。

今回の作戦は陸軍と海軍の呼吸が合ったことが成功の大きな要因だった。木村は陸軍だけでも救出すると言った。キスカ守備隊の陸軍司令官の峯木は海軍のために残ると言い、海軍司令官の秋山は「ケ号作戦」について常に峯木に報告をした。陸海上下なく、ともに生きて帰ろう、さもなくば相手だけでもという空気が一貫して流れていた。

陸と海が相互に尊重する。同じ日本軍で当然のことのようだが、大本営の中の組織の縄張り争いが戦場にまで波及、特に戦局が悪化すると、陸海が対立する場面が目立った。末端の兵士は相手のことを考える余裕も、場面もない。やはり組織を代表している指揮官次第である。木村がいて、峯木がいて、秋山がいたからこそ、キスカ撤退は成立した。

帰路は入港したコースと同じ北端を迂回するコースを取った。できる限り早くアムチトカ航空基地の飛行哨戒圏を離れるため、最短航路を進んだ。キスカからだいぶ離れてきた。だが、天候は回復している。まもなく飛行が可能になりそうだ。

「早くキスカ湾を出港できてよかった」

余裕が出てきた「阿武隈」艦橋ではそんな会話もしていた。

午後四時三十五分。見張り員の声がした。

「敵潜水艦一隻、右正横、距離千」

有近が双眼鏡で確認すると、敵潜水艦は浮上航行中で、乗員が「阿武隈」の方を向いていた。艦内にサイレンが響く。

「戦闘配置につけ」

足が伸ばせないほど詰め込まれていたが、救出された喜びが充満していた艦内が一気に緊張。安堵感から少し居眠りをしていた小野打も目が覚めた。

「右浮上潜水艦、距離二千、砲戦用意」

いつでも攻撃できる態勢にある。

「司令官、どうしましょうか。知らぬ顔で行きますか。一発やりますか」

「ほおかむりで行け。この際だ。触らぬ神に祟《たた》りなし。毛を吹いて疵《きず》を求めるな」

木村はにっこり笑った。

その瞬間、敵潜水艦がパッパッと発光信号を出した。どのような意味があるかは日本軍には理解できない。考える間もなく、敵潜水艦は潜航を始め、水没して視界から消えた。潜水艦は米巡洋艦と誤認したようだった。幌筵で三本の煙突のうちの一本を白く塗った偽装工作がまんまとうまくいった。「敵情報告」など、味方に伝達する発光信号を送ったのだった。

「戦闘配置解除、第一警戒配備につけ」

艦内に明るさが戻った。「阿武隈」はキスカ島から西に針路を変え、幌筵までの最短コースを二十八ノットの全速力で逃げていた。白夜のため、空は昼間と変わりがないが、夕刻が近づいていた。

守備隊の将兵で立錐の余地がないほど混雑した甲板。陸軍将兵が有近に尋ねた。

「アッツ島はどのあたりですか」

「アッツ島は本艦の真北。右舷正横にあたる」

甲板ではだれからともなく、北に向かい帽を脱いで、頭を垂れた。アッツ島の英霊に対する黙禱だった。見知った戦友も多かっただろう。小野打もキスカから転進した仲間を失った。「阿武隈」の乗組員はハッとした。救援艦隊はキスカ島守備隊を救出する目的で編制され、準備を始めたときはすでにアッツ島玉砕の後だった。

しかし、キスカ島とアッツ島は一日違いでともに上陸し、極寒の冬を過ごした。北太平洋の孤島でお互いに唯一の同志だった。それがちょうど二カ月前に「総攻撃す」の電信を最後に玉砕した。

作戦後の回想でもキスカ守備隊は成功の要因に「アッツ島英霊のご加護」を挙げた。北の方向の波間から「万歳」の声が聞こえたという者もいた。その気持ちが自然と粛然とした黙禱に表れた。「阿武隈」の乗組員も同じようにアッツ島に向かい、頭を垂れる。

全艦が祈りに包まれた。

夕食は主計科総出で作った握り飯だった。守備隊主計科の隊員が手伝いを申し出たが、「お客さんに手伝わせるのは『阿武隈』の名折れ」と丁重にお断りして、全員が熱湯を通した軍手で次々と握り飯の山を作った。救出した守備隊だけで千二百人、一人二個ずつの握り飯が完成。主計長の市川が報告のため、艦橋に上がった。

「私も手伝いました。おかげでこんなにきれいになりました」

市川が真っ白くなった手を広げて、木村に見せた。

「ひどいやつだ。それを俺たちにくわせるのか」

木村が言うと、艦橋は笑い声に包まれた。すべてが順調だ。

小野打は配られた握り飯をゆっくりとかみしめた。塩だけで握ったのに、なんとおいしいことか。白米の甘みと安心感がひとつになり、心身に染み入る。エンジンの轟音が眠気を誘う。小野打はもたれ合って、また眠った。緊張から解き放たれ、いくらでも眠れる。長いようで短かった七月二十九日が終わろうとしていた。

翌三十日午前十一時、アムチトカ航空基地の五百海里圏を出たところで、速力二十ノットに落とした。哨戒圏を脱した。

敵に察知されないように電信の使用を控えていたが、三十一日午後一時三十分に戦闘速報を流した。

「全員収容帰投中、異常なし」

小野打は一年分の眠りを取り戻すかのように眠った。八月一日朝、艦内が騒がしい。次々と甲板に出て行く。島影が見えた。幌筵島だ。上空には日の丸をつけた友軍機が飛んでいる。

「日本にはまだ飛行機が残っているんだ」

だれかがそう言った。キスカ島もアッツ島も飛行場建設のために占領したはずだが、結局、一機の飛行機も飛び立たなかった。敵機は毎日のように見上げたが、友軍機を見たのはいつ以来だろうか。

「手空き総員上甲板」

岸壁では陸軍も海軍も人垣がどこまでも続き、大きく帽を振っている。停泊している艦艇の上でも帽を振っている。

「阿武隈」甲板でも、何かを叫びながら帽を振って応えた。小野打も夢中で帽を振った。また泣けてきた。「ありがとう」「万歳」「おーい」。だれもが訳のわからないことを叫んでいた。だれもが子どものように泣きじゃくっていた。生きて帰ってきた。一人の兵も残さずに帰ってきた。

「阿武隈」千二百二人、「木曾」千百八十九人、「夕雲」四百七十九人、「風雲《かざぐも》」四百七十八人、「秋雲」四百六十三人、「朝雲」四百七十六人、「薄雲」四百七十八人、「響」四百十八人。帰還した守備隊は合わせて五千百八十三人。

米国領から日本領土に帰ってきた。フカフカしたツンドラと違い、踏みしめると固い大地があった。

米軍上陸

無人となったキスカ島。だが、兵舎の煙突からは黒煙が上り、時折、爆破音が聞こえる。撤退作戦が行われた翌日の七月三十日。救援艦隊は幌筵とキスカの中間地点にさしかかっている。

――敵対空砲火軽微

――陸上灯火散見

――機銃掃射で敵兵をたおせり

この日、幌筵で傍受した米哨戒機の電信は日本軍が抵抗したかのような報告を送っている。撤退前に最大限、ゆっくりと燃えるようにストーブや炊事場に石炭やツンドラの灌木を入れ、爆破装置も順々に爆発するように、時間差を置いてセット、数日は人間の匂いが残るように偽装工作をしていた。

△キスカ撤退作戦を終え、幌筵に帰港した巡洋艦「阿武隈」。昭和18年８月１日。▽キスカに上陸する米軍。混乱の中、同士討ちを演じ、戦果は捕虜の軍用犬３頭だった。昭和18年８月15日。

爆発音を砲火と勘違いしたのは理解できるが、「敵兵たおせり」はどうしたのか。戦果を過剰報告したのだろうか。米軍は日本軍が撤収しているとは露ほども思っていないのは確かだった。

翌三十一日、哨戒していた米駆逐艦二隻が日本の陣地に向け、二百発の砲撃。さらに、戦艦二隻や巡洋艦二隻などの大艦隊で砲弾二千三百十二発を撃ち込んだ。連日、艦上からの砲撃と航空機による爆撃が繰り返された。上陸前、徹底的に敵の兵力を低下させる教科書通りの作戦だった。

米陸軍はカナダ兵を含む三万四千四百二十六人を動員、アダック島で数日間にわたり、上陸訓練を実施した。アッツ島奪還作戦で、思いがけない激しい抵抗に遭い、上陸兵一万千人中死者六百人、負傷者千二百人を出したことを重視、キスカ島はアッツ島の二倍の兵力で守っていることもあり、慎重にキスカ島奪還に備えた。

連日、哨戒機も飛行し、航空機による爆撃を加えているにもかかわらず、なぜ、米軍は無人と気がつかなかったのか。キスカ島の情勢に対し、いくつか疑問点は指摘されていた。

・キスカ電信所からの電波の送信が停止している
・空襲に対し、高射砲などが無抵抗のままである
・通常はトラックを分散させているはずだが、なぜキスカ湾に集まっているのか

だが、七月三十日の哨戒機の報告が疑問を打ち消した。米軍としては増援する可能性はあるが、「バンザイ・アタック」のあの日本軍がまさか全軍撤退するとは頭の片隅にもなかっ

たことが、「無人であるはずがない」という思い込みにつながった。

八月十四日、アッツ島上陸作戦をはるかに上回る百隻近い大艦隊がアダック島を出撃。大艦隊がいっせいに艦砲射撃を加え、十五日日の出から三万四千四百三十人が上陸を開始した。濃霧のなかを日本軍陣地に向けて進軍、「日本軍が存在する」という思い込みから、各地で激しい同士討ちが起き、死者二十五人負傷者三十一人を出した。海上でも日本軍の機雷に接触し、死者七十人負傷者四十七人を出した。

米軍は用心に用心を重ね、進撃。軍医が偽装して兵舎に掲げた「ペスト患者収容所」と書かれた看板を見て、あわててワクチンを取り寄せた。もぬけの殻と気づいたのは十八日になってからだった。日本軍主力の兵舎に到達したときだった。『太平洋戦争アメリカ海軍作戦史』の著者サミュエル・モリソンは「史上最大の最も実践的な上陸演習だった」と皮肉を述べている。

米軍はキスカ上陸作戦の戦果として、「捕虜は雑種犬三頭」と発表した。軍用犬の陸軍の「勝」「正勇」も海軍の「北」も激烈な艦砲射撃にも生き延び、日本軍の正式な「捕虜」として、カナダに連行された。米軍航空兵は「われわれは十万枚のチラシをキスカ島に投下した。しかし、犬では字が読めなかった」と語った。三頭のその後のことはわからない。

兵法の極意

米軍がキスカ島上陸を発表したことで、日本軍も八月二十三日、キスカ撤退公表に踏み切った。新聞各紙は朗報が少なくなっている戦局と、あまりにも見事に作戦が適中したため、撤退にしては異例の賞賛尽くしの紙面となった。朝日新聞でも同様だった。

「キスカ島全兵力を撤収」「七月下旬、新任務に就く」「陸海軍一体の妙を発揮」「成功は天佑神助」「アッツ島勇士の玉砕　敵軍の戦意を挫く」「無人島を盛んに砲撃」「半カ月　我撤収に気づかず」

同日付けの社説では「北海守備部隊への感謝」と題し、キスカ島の守備隊に対する感謝を述べつつ、「アッツ島の山崎部隊勇士の犠牲的精神におうところ少なしとしないのである」と、アッツ島玉砕のおかげもあって撤収も成功したとしている。最後は「戦局はいよいよ重大、本土もまた戦場となる日の来ることを覚悟すべきである」と、国民に呼びかけている。「アッツとキスカ。ひとつは玉砕してその思烈を万古に伝え、ひとつは万難に耐えてよく任務達成に敢闘した」と、明暗を分けたアッツ島玉砕とキスカ撤退は沈みかけている国民の戦意を昂揚させるもってこいの物語になった。

撤退作戦中も含め、木村の日記は記述が少ない。七月三十一日の幌筵帰投から二日後の八月二日の日記が作戦の感想がある最初の記述だ。

・第一次成功せざりしことかえって
・二十九日は絶好の霧日よりなりしこと
・国後の事故二十九日を支えたることとなる

・鳴神の西南端瞬間的に視認
・湾口に至りし時霧晴れ湾内通視し得て入港及び収容作業容易迅速なりしこと
・二十六日敵は味方討ちをなし二十九日は濃霧中哨戒艦艇を撤しいたるもののごとし
・以上はすべて天佑にあらずしてなんぞや

この短いメモ書きに作戦成功の要因が網羅されている。「国後」の衝突事故で当初予定の敵艦隊が待ち構えていた二十六日から二十九日に変更になった。その二十六日に敵艦隊は幻の日本艦隊に対し、激しい砲撃をし、補給のためキスカ島を離れた。二十九日当日は濃霧だったが、湾内に入ると晴れた。木村自身も度重なる幸運に天の助け「天佑」としている。

メモ書きの冒頭では「かえって」と中途半端に書き終えている。「かえって功を奏した」と書こうとしたのか。第一次作戦で「帰ればまた来られる」と中止反転したことを、第二次作戦成功の要因と他人が言うならまだしも、自分で書くのははばかられたのだろう。

同じ日のメモに天皇からいただいたお言葉の電文全文が記されている。

陸海軍克く協力有あらゆる困難を克服し
この作戦を完遂しえたるは満足に思う
また長期にアリューシャンの要点を確保し
諸種の困難に堪えてその任務を尽くし
たるは全般作戦に寄与したるところ
不尠《すくなからず》満足に思う

この旨前線将士に申し伝うべし

その後、論功行賞で「殊勲甲」と最高の戦功をもらった。「大砲一発も撃たずに殊勲甲をいただいた」と恐縮する部下に木村は笑いながら、言った。

「七月二十九日から八月十七日まで莫大な戦費を敵に浪費させたばかりでなく、敵は勝手に死傷者まで出してしまったのだから、これは大いに誇ってよい戦果だ。こちらは一兵も損せず、相手の殺傷もできるだけ少なくして、しかも実質的に大きな損害を与えることは兵法《ひょうほう》の極意だ」

この「兵法の極意」に軍人としての木村の理想の戦い方が凝縮されている。敵を撃滅するだけが戦闘の勝利ではなく、部下の身命を護りながら、できる限り敵の命を奪わず、敵軍全体を消耗させる。セイロン沖で輸送船から下ろされたボートへの砲撃を「撃っちゃいかんぞ」と止めたことも、敵を撃つことよりも味方の遭難者に全力を挙げたことも同じだった。

幸運の積み重ねが成功を導いたというが、だれもが愛する木村の人柄に、陸海上下問わず、魅了された男たちが木村の「一兵残らず救助する」という信念の下、ひとつにまとまったからこそ、作戦は成功した。

「干城」を志し海軍兵学校に入った木村昌福の集大成だったといえる。

第十章　敗戦

一人残らず救助する

昭和十九（一九四四）年十一月二十日、木村は第二水雷戦隊司令官に就任した。それまで務めていた第一水雷戦隊は解散、第二水雷戦隊に編入された。

十二月十五日、米軍はフィリピン・ルソン島南のミンドロ島サンホセに上陸開始。ミンドロ島に航空基地ができれば、ルソン島上陸も目前になる。日本軍はすでにフィリピン周辺で飛行できる航空機は陸海で百機ほどしかない。ここはその航空機の「特攻」専用として使用されていた。

南部仏印（ベトナム南部）のカムラン湾に停泊していた二戦隊に十二月二十日、「水上突入」の命令が下った。目的はサンホセに停泊している米艦隊と陸上施設の夜襲で、「礼号作戦」と名付けられた。一時間だけ砲撃して引き返すというが、航空機部隊の支援もなく、敵の制空圏、制海圏に突入する作戦に成功する可能性は極めて低く、危険性は極めて高い。成算はなくとも、「特攻」と同じく、突っ込むことだけが作戦。突入部隊の正式名称は「挺身部隊」だった。命だけを捨てにいく。日本軍は木村の理想とする「兵法の極意」とはまったく別の方向に流れていた。

このころ木村は通信参謀の星野清三郎にぼそっと漏らした。

「艦隊司令部はヒゲが三本足りないな」

日頃、他人の批判をすることがない木村の言葉だけに、星野ははっきりと覚えている。

木村に命令が下される前に第四十三駆逐隊司令の駆逐艦三隻がサンホセに向かったが、天候悪化のために引き返してきている。

「こんどはおれの番だ。研究を進めておけ」

木村は星野に指示をしていた。

「水雷畑で過ごしてきた水雷屋の先輩として、後輩の不始末は先輩が補うのが当たり前。それが人間の生地になっているんだと感じましたね」

突入部隊に集められたのは重巡洋艦「足柄《あしがら》」、軽巡洋艦「大淀《おおよど》」、駆逐艦「霞《かすみ》」「朝霜《あさしも》」「清《きよ》霜《しも》」「榧《かや》」「杉《すぎ》」「樫《かし》」の八隻。

木村は突入部隊の旗艦を駆逐艦「霞」に指定した。通常ならば、大型の巡洋艦が旗艦になるはずだ。戦後、木村はこう話している。

「僕は駆逐艦乗りだよ。ひょろ長い水雷艇の時代から水雷屋なんだ」

「霞」の主計中尉である吉江正信は木村の真意を推し量りかねた。

「なぜ『霞』を旗艦にしたか不思議に思った。でも私なりに理由を考えた。『礼号作戦』では生還は難しいのではないか。同じ死ぬなら、水雷屋である司令官は駆逐艦で戦って死にたいと考えたのではなかろうか」

十二月二十四日午前九時、カムラン湾を出撃。ミンドロ島西方に近づいた二十六日午後四時二十五分、「足柄」が敵機を発見した。その直後、敵機が電波を傍受した。

——北緯一二度四八分東経一一九度一二分、戦艦一、巡洋艦一、駆逐艦六

米軍は予想もしていなかった日本艦隊の出現に慌てた。一報も「戦艦一」など過大に報告している。平文電報と電話で連絡を取り合った。

——輸送船団後続

——現地点を死守せよ

星野は圧倒的に有利なはずの米軍の焦ったやり取りを傍受しながら、

「阿武隈」艦上の第一水雷戦隊司令部。前列中央が木村、後列左が通信参謀の星野清三郎。昭和19年3月14日。

愉快な気分になった。

ミンドロ島まであと二時間の地点の午後八時四十五分、敵機襲来。「大淀」が直撃弾二発を受けた。続いて、「清霜」が敵機を撃ち落とした直後、魚雷を受け炎上、沈没を始めた。

「総員退去せよ」

「清霜」からは次々にカッター（短艇）が下ろされた。

「位置を確認しておけ」

木村は参謀に命じた。間断なく襲来する敵機と交戦しながら、突入部隊はサンホセにジリジリと近づく。午後九時二十四分、「足柄」に被弾した敵機が突っ込み炎上、数十人が死傷した。午後十時五十二分、湾内に敵船発見。魚雷四本発射し、命中。さらに陸上の物資集積所などを砲撃した。

日付が変わって二十七日午前零時四分。

――今より帰途につく

二分後にさらに打電した。

――「清霜」に向かう

木村は「清霜」救助に「朝霜」だけが同行するよう、他の艦は帰投するように命じた。敵艦隊や敵機の襲来の可能性が高いこの場合、通常は被害拡大を防ぐために、救助はせず、まず敵の制空圏から脱出する。少なくとも司令官が乗った旗艦だけでも帰投するのが普通だ。それを旗艦が救助に当たるという。「霞」の乗組員は木村の部下思いの姿勢に感激した。木村は「清霜」に対してそうなのだから、他の場合の自分たちにも同じだろう。感激しない訳がない。

午前零時四十八分、沈没現場海域でカッターを発見し、十一人を救助した。

「両舷停止、後進一杯」

いつ敵機が現れるかわからない。だが、木村はエンジンを止め、カッターを下ろし、救助活動を始めさせた。

「一人の見落としもないように」

木村自ら双眼鏡にかじりつき、生存者を捜した。

「もういないか」

海上で漂流している将兵を次々と救助。合計二百五十八人を「霞」と「朝霜」に引き揚げた。しかし、全員救助というわけにはいかず、戦死者八十四人を数えた。

「司令官の部下を思う義俠心に基づくもので、われわれが今日まで生き延びているのは感謝のほかなく、命の恩人というべきものでしょう」

「清霜」艦長の梶本顗《かじもとしずか》の言葉である。「清霜」以外にも「霞」五人、「足柄」四十一人など計百四十人の戦死者を出した。「霞」と「朝霜」が、先行する「足柄」などに追いついた二十七日日没後、葬送式が執り行われた。旗艦「霞」の信号に合わせ、忌銃三発を発射、ラッパ「命を捨てて」の吹奏とともに、静かに次々と水葬に付された。

「礼号作戦」では敵輸送船一隻を撃沈、数隻を中破させ、終了した。日本海軍の駆逐艦が魚雷を命中させた最後の戦闘であり、最後の成功した海戦だった。だが、米軍の怒濤の進撃に対して、何の影響もなかった。

この年の大晦日で木村の日記は終わっている。これ以降は書いていないのか、処分したのかわからないが、最後の日記である。

本年は元旦極北幌筵、歳末は南溟《なんめい》に、
この間いくたの戦友僚艦を失いつつ
抵抗を続けたるも一退また一退
いまだ曙光見えず
明年はさらに堅忍持久不《ふ》撓《とう》不《ふ》屈《くつ》頑張らむ
願わくば神明鑑をたれたまえ

八月十五日

五十三歳になった木村は山口県防府《ほうふ》市で、海軍兵学校防府分校教頭兼防府海軍通信学校校長を務めていた。昭和二十（一九四五）年七月十五日付けで就任。赴任前、生徒は「今度の教頭は立派なヒゲの持ち主である」と聞いていた。

着任のあいさつで壇上に立った木村の姿に納得した。あいさつで木村は「海軍少将木村昌福、まさは日を二つ重ねた昌、とみは福神漬けの福」と自己紹介した。沖縄が陥落、後は本

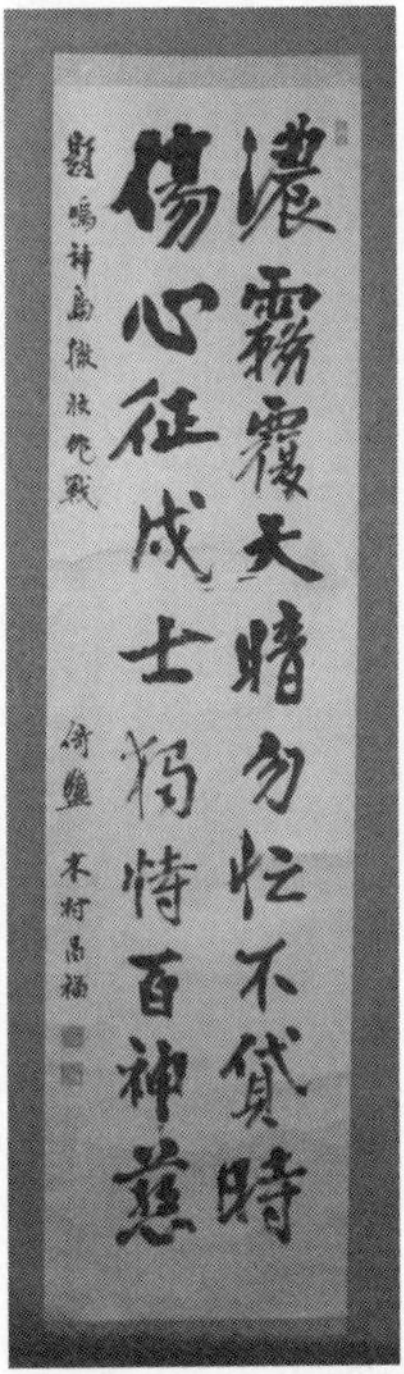

キスカ撤退作戦を書いた木村の書（北洋館所蔵）

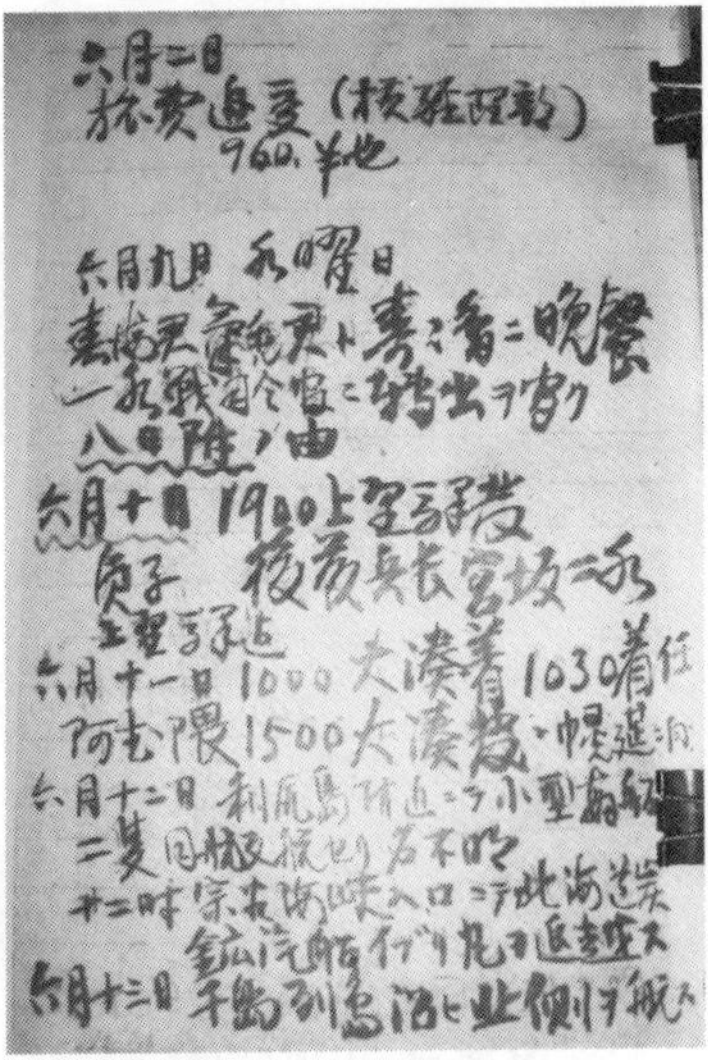

毛筆で書かれた木村の日記。

木村が好んで書いた「天地心」。

土決戦しかない息が詰まるような時代、新任教頭のユーモアある自己紹介に生徒は驚いた。

八月十五日正午。号令台前の生徒とともに木村も玉音放送を聞いた。だが、雑音が激しく聞き取れない。

「くわしいことは追って知らせる」

木村の言葉で生徒は生徒館に引き上げるが、放送の意味はまったく理解できなかった。

翌日の分校幹部会で木村は玉音放送の内容を伝達した。木村は嗚咽落涙。何度も中断した。

二十三日、木村の印が押された「徴集解除証明書」が生徒に手渡され、生徒は郷里に帰って行った。

「歴史を勉強しなさい」

これからどうなるかもわからない不安顔の生徒にそう言ってはなむけの言葉とした。

木村は敗戦後も防府に残って残務処理をした。だが、「ヒゲのショーフク」の誇りであったカイゼル髭を落とした。あまりの人相の違いに理由を聞かれた。

「戦に負けて髭でもないだろ」

第十一章　倚塩

塩田事業

山口県防府市の海岸沿いにブリヂストン防府工場やマツダ防府工場が並ぶ工業団地がある。この場所で、江戸時代から関ヶ原の戦いに敗れた長州藩を生き返らせた製塩事業が行われていた。「防長三白」の一つで赤穂と並ぶ一大中心地だった。瀬戸内海では干満の差を利用して、堀割から自動的に塩田に海水を入れる「入浜式《いりはましき》」で製塩が行われ、人力で担いで海水を運ぶ「揚浜式《あげはましき》」と比べて、少ない労力で大量の塩が生産できた。

現在ブリヂストンの工場が立つ地には、かつて二ノ桝と呼ばれた塩田があった。いまでも工場の周りには堀割が巡り、当時の雰囲気を残している。

木村は八月十五日をこの地で迎えた。木村は官舎を出て、県会議員も務めた地元の名士である尾中家の離れに住まいを移した。このとき長女の淑子二十一歳、次男の氣は海軍兵学校から復員して十七歳、三男の昌十四歳で、いずれも鎌倉から学校に通ったが、木村夫妻は防府に残った。

その年の九月ごろ、尾中家当主の朝雄が離れを訪れたところ、あまりにも何もないことに驚いた。薄い布団二枚だけで、私物という物が見あたらない。尾中が気の毒に思い、布団を本家から運ばせた。当時、終戦のどさくさに紛れ、軍施設から官物や食料を持ち出す軍人が多かった。木村は終戦前はこの辺りでは見ないような高級車で海軍通信学校に通っていた。

尾中家は現在でも当時と同じ場所に門構えが立派な邸宅を構えている。

尾中家では当時のことをはっきりと知る者は亡くなってしまったが、わずかに当主の忠明だけが記憶している。

「子どもだったので、偉い人というのはわからなかったが、仙人のようなおじさんがいるなあくらいに思っていました」

木村は自宅近くと通信学校跡などに三カ所の畑を作り、昭和二十一（一九四六）年二月から、野菜作りを始め、国鉄三田尻駅まで往復三キロの道のりを古い乳母車を押して肥料になる馬糞を集めた。日記にも「早朝馬糞集め」「馬糞採集」という記述は頻繁に登場する。

終戦から木村は再び日記を付け始める。「帝国海軍社」発行の日記手帳「ＮＡＶＹ」など五冊が残っている。海軍の日記を使い続けるところに、軍人としてのわずかながらの矜持が残されている。

終戦当時五十三歳だった木村は晴耕雨読の生活でも構わなかったが、部下は公職を追放されて職を失い、分校や通信学校の生徒も復員し郷里に帰っても職がなかった。

海軍は通信学校建設に際し、塩田二区画を買い上げて学校を拡張する予定だったが、途中で終戦になり、一区画だけはすでに校舎を建てていたが、もう一区画、約二十ヘクタールの「二ノ桝塩田」は廃田されたままで残っていた。

戦後、木村が離れを借りていた尾中家。山口県防府市。

木村はここに目を付けた。木村は払い下げに奔走、復員軍人救済と、塩が不足しているための国の製塩事業奨励という二つが払い下げに有利に働くと見込んだ。発案者は通信学校内務長の木下猛だった。木村はキスカ撤退作戦のときと同様に、有能な部下に全幅の信頼をおき、あるときは助言に従い、あるときは決断し、作戦成功への階段を着実に踏んだ。

塩田があっても、塩ができるわけではない。地元の三田尻塩業組合の組合長だった田中学而の門を叩き、協力を願い出た。

木村は終戦直前の七月十九日に防府に着任している。一月もしないうちに八月十五日を迎え、通常なら縁もゆかりもない防府に残る理由はない。自慢の庭がある鎌倉の自宅に帰ればいいだけである。

だが、防府で借家住まいをし、馬糞を集め、民間人に頭を下げても、塩田事業を始めたかった。木村は職のない部下に職を提供したいという一心が、地元の有志の心をつかみ、全面協力を得ることになった。

海軍しか知らない木村が事業を興す術を知っているわけもないが、接近するすべての人間を魅了してしまう体質は自慢の髭がなくとも変わるものではなかった。軍人時代からの陸海上下分け隔てない姿勢に、純朴な地元の人が「あんなに偉い軍人さんが……」と感動したことは想像に難くない。

技術協力などは地元有志でまかなえるが、事業発足にあたっての資金が必要だった。

昭和二十一（一九四六）年二月二十七日、木村は佐世保時代に懇意にしていた高島末五郎の神戸の自宅を訪ねた。高島は長崎で真珠養殖に成功し、佐世保で海軍関係者を招き、宴会を開いた。中佐時代の木村も末席で参加したが、その後、木村がお返しにと一席設けた。長者番付に名を連ねた高島にとって、中佐の接待など関心もなかっただろうが、「あなたのような軍人は見たことがない」と驚き、個人的交友が始まった。

木村の訪問に高島は大いに喜び夫人の文子の手料理で歓待した。その席で木村は塩田事業への資金援助の話を持ち出した。高島は黙って木村の話を聞いていたが、おもむろに口を開いた。

「木村さん、武士の商法というものは成功した試しがない。悪いことは言わないから、おやめなさい。その代わりに私が持っている山林の材木で帆船を建造し、運航するので、その責任者はどうですか」

くはなかった。

終戦直後でトラックも船も足りない時代で、運送業を興せば、巨額の富を得ることは難し

「実にありがたい話です。でも、防府では部下が神戸からの資金を待ちわびています。あの部下たちを見殺しにすることはできません。私はどうしても防府で塩田をやらなければならないのです」

高島はこれ以上の説得は無駄と思い、奥の部屋から新聞紙に包んだ金を持ってきた。

「これでおやりなさい」

木村はすぐさまリュックサックに入れ、神戸駅に急いだ。翌日、防府に帰り、新聞紙を開けたところ、二十万円の札束だった。国家公務員上級試験合格者の初任給が二千三百円の時代で、現在でいえば、二千万円に相当する金額だ。証文も書かずに渡す高島も高島だが、勘定もせず持ち帰る木村も木村だ。二人の信頼関係の厚さの証明である。

二十万円を元手に翌月、「二ノ桝塩田開発組合」が発足。組合長は三田尻塩業組合長の田中学而が兼務し、木村が副組合長、発案者の木下猛が専務理事に就任した。組合の実質的経営はすべて防府海軍通信学校の教官や生徒が受け持った。

その後、勧銀山口支店から融資を受けることも決まった。上京していた五月三十日の日記に「許可、補助金発送」とあり、大蔵省専売局の認可を受け、正式に塩田事業がスタートした。

日記に組合の守訓を記している。

一、信義誠実もって一身を製塩報国に捧げよ
一、研鑽錬磨もって業界の向上改善を図れ
一、偕和協調もって事業の公正明朗を期せよ
一、奮闘戮力もって社業の発展充実に竭《つく》せ
一、士魂商才もって剛健闊達の社風に生きよ

塩田事業は儲けることが目的ではなく、塩田経営を通じて、国や業界のためになることが第一義であり、「士魂商才」を忘れるなということを部下に求めている。

昭和二十年代のある日、防府に星野清三郎ら、かつての部下三人が訪ねてきたことがある。三人とも髭のない木村の姿に驚き、理由を尋ねた。

「戦に負けて、髭でもないから切ったよ。いまは商人だよ」

星野は海上警備隊、一人は銀行員、もう一人は海運会社に勤務していた。

「われわれは何で戦争をしたのか。戦争が何であったか。国のために闘ったことではあるが、国のためとは自分の家族のためであったと思う。自分の家族、つまり親や家内、子どもたちを守るためであったと思う。君たちは警備隊で、銀行で、海運会社で、わしは塩を作ることで国のために尽くしていることは戦場で闘うのと同じことであると思う。海軍で闘ったように国のために働くことがわれわれが子孫に伝える海軍魂（ネイビースピリット）だと思う」

実際の経営は専売公社統制下の企業ということもあり順調だったが、海軍魂を以てしても

商売というものは厳しいものだった。専売公社に納入するだけでは売りさばくことができず、木村は自らその先頭に立ち、売りさばき先を開発した。かつての部下にも「製塩業をしているが、売りさばきに苦労しているので協力してほしい」という手紙を出している。海軍関係者だけでなく、関東や東北にも出張し、町役場などに納入した。その集金も木村の仕事だった。

――一関よりバスにて水沢へ、桜花満開なり、木下君より電あり「カネオクレ」――

昭和二十三（一九四八）年四月十八日の日記だが、二十一日までに一関町や長岡村などで七割方の五十万円を回収し、防府に送金している。

書道塾

木村の防府での生活に潤いを与えていたものに書道がある。もともと書を好み、部下の転勤や昇進の際に一筆書いて渡していた。

「隣に住んでいる木村さんは書がうまいので、今度みんなで教えてもらうことになった」

製塩試験場長を務めていた福島正男はあるとき、妻の一枝（九四）＝鳥取県米子市＝にこう話した。

日記に最初の書道の稽古が登場するのは昭和二十一（一九四六）年六月二十八日で、「塩川氏稽古」とある。最初は希望者にその都度教える出稽古形式だったが、昭和二十六（一九五一）年ごろから、毎週火曜日の午後、福島が勤務していた試験場が「木村書道塾」のよう

防府製塩場の春の慰安会での木村（左）と福島正男（中央）。昭和28年。

な形になった。塾といっても月謝は取らず紙代だけを受け取った。その年の二月十八日の日記に——福島正男君謝礼持参、菓子折のみを受け、金一封は謝辞す——とある。

　子どもたちには日曜日に木村の自宅で教えた。子どもであっても頼山陽や王維、李白、杜甫の漢詩を教材にし、書き終えた後は全員で朗読した。福島の長男、長女も通った。

「子どもにも腰が低くて丁寧に教えてくださりました。子どもたちもこの人が軍人だったのというくらいで。まあ子どもですから、書道よりも終わった後のお菓子目当てみたいなところもありましたね」

　甘い物が不足している戦後だったが、木村の妻、貞子はスイカなどの果物や、防府駅前の塩埜《しおの》菓子舗で買ったお菓子を差し入れた。戦前は陸に上がることが少なく、水雷屋として海上にいた木村の日記に貞子が登場することは少なかったが、戦後は常に寄り添うように暮らしていた。一枝は洒脱だった貞子にかわいがってもらった。

「私が若いこともありましたが、いろんなことを教えてもらいました。とても素敵な女性で和服を着こなしている姿が忘れられません」

妻と同様に羽織袴の和装で過ごした木村は子どもたちにとって、塚原卜伝《ぼくでん》のような剣豪に思えたのだろう、密かに「卜伝先生」と呼ばれていた。子どもたちとお茶を飲みながら、いろんな話を聞かせた。

「海軍では卒業時に遠洋航海をしたが、卒業生の視野を広げるのに大変役立った。君たちも視野を広げることだ。故郷を出て、外を見ることが大切だ」

木村は書を通して地元に溶け込むことを楽しみにしていた。特に子どもたちの成長に目を細めている様子がわかる。

――お稽古の弟子連欠席　活動でも見に行ったのだろう――

――きょうはチビさん達の忘年会　習字の後、詩の吟詠のあと会食、薩摩汁、雛肉の支那料理、果物、大いに楽しかりし、書生の宴会は淡泊にて気持ちよろし――

――乳入れコーヒーで菓子を食い一同舌鼓を打つ――

山口の片田舎に住む子どもたちにとって、珍しい食べ物があり、戦時中は海外にも行った「卜伝先生」の書道塾は学校では得られない好奇心を満たす場だったに違いない。

文藝春秋

昭和三十二（一九五七）年。文藝春秋十一月号に「太平洋海戦最大の奇蹟」というタイトルで「キスカ撤退作戦」の記事が掲載された。十月十二日の木村の日記にわずかに記述があるが、感想は述べられていない。

「文春の記事朝日の広告」

海軍の後輩である筆者の千早正隆《ちはやまさたか》は、事前に木村の諒解も取っていたが、木村はだれにもそのことは話していなかった。

「雑誌の記事が出たことも知らなかった。友人からお前の親父のことが出ているぞと言われ、初めて知ったくらいです。それよりも、それまで親父がキスカ撤退作戦を指揮したことさえ、知りませんでしたから」

氣は三十歳のそのときまでキスカの話を聞いたこともなかった。氣が上京してきた木村に文藝春秋を見せながら言った。

「こんなことが出ていますよ」

「いやあ、知らせようと思ったんだが、言わなかったんだ」

書道塾の教え子からも聞かれた。

「先生は兵学校卒業成績はビリだったのですか」

「そうだ。昔は神童と言われたのだがね。本当の戦のことは本には書いていないからね」

照れる木村だが、本心は感謝の気持ちで一杯で、千早宛てに十月十四日に干し鮎を、お歳暮には静岡の茶を贈っている。自分から自慢することはないが、やはりほめられればうれしい。このあたりのかわいげのある所は晩年になっても変わらない。

文藝春秋への反響は大きく、各方面から手紙が殺到。防府では十一月二十三日に講演も行い、十二月一日に御礼の品物が届いた。
――「御勲功を偲びて感謝」の賞詞と菓子一折を恵贈されたり光栄の至り――

塩業廃止

戦前は国内自給率二十パーセントほどだった塩だが、戦後は各地で塩田が急速に拡大。昭和二十五（一九五〇）年から全国の塩田は入浜式から流下式塩田に転換し、十分の一の労力で三倍の塩が生産できるようになった。名称から開発が取れた「二ノ桝塩田組合」も流下式に変え、飛躍的に生産量が伸びた。しかし、技術革新による過剰生産で、行政の指導により塩業の整理廃止が推し進められた。二ノ桝塩田組合に限らず、防府の塩田すべてが廃止の危機にあった。橋本健一（七六）＝山口県防府市＝は二ノ桝塩田組合に隣接する海水化学工業に勤務していた。

「国が廃止の方針だったので、どうしようもなかった。廃止は間違いない。後はいつ廃止になるかだけでしたね」

昭和三十二（一九五七）年の塩業組合中央会の標語は「合理化で塩の増産国のため」だった。木村は上京し、専売公社幹部と何度も直談判している。二月十四日の日記には苦悩がにじみ出ている。

――公社部長、副総裁ともノーコメントをせざるべからざる状態なり　公社と対立して議院闘争とか提訴とか請願とか申して莫大なる費用と日時を要することにして容易のことではない――

塩田事業を始めてから、書には「倚塩　木村昌福」と書くようになっている。塩に倚り身を立てていることもあるが、塩田経営に心底打ち込んでいた気概が込められている。

――世の大勢は人力のいかんともしがたいもの（個人の力ではいまのところ仕方がない）。ここにおいて新たなる道を切り拓く勇猛心を出さねば。順調のとき偉そうなことを言って暮らしているのはだれでもできる。大変に臨んで直ちに新進路に方向をつけて人を導いてやることが大事なり、あとは部下の者若い人たちが智力、体力を綜合してやっていく、大将たるものはそこに意義があるわけなり――

いかに木村でもこの大きな流れは止めようがなかった。

昭和三十四（一九五九）年、塩業整備臨時措置法で全国二千ヘクタールの塩田が廃止された。防府でも同年十一月三十日付けで二ノ桝塩田組合が廃止、年内に全塩業組合が解散した。二百六十年間続き、維新の原動力にもなった防府の塩田が終焉《しゅうえん》した。

木村は国を守る武人「干城」を志し、海軍兵学校に入学。戦前は戦で国を守り、戦後は塩業で国を守った。しかし、最後、国は木村から命脈を絶つように塩業を奪い取った。木村はいかに廃止の報告を聞いただろうか。

木村は胃がんで病床の身だった。

エピローグ

木村は塩業廃止後、職員の就職先に心を砕いた。地元企業の徳山曹達《とくやまソーダ》で工業塩生産に従事する者もいたが、木村は職員の一人が提案した「ブラジル行き」に心が傾いた。元々、新天地好みで、しかも海外雄飛でもあり、当然、自分が率先して行くつもりで、次男の氣に調査を依頼した。

二ノ桝塩業組合だけでなく、他の塩業組合からも希望者が数多く出た。木村と一緒なら南米でも心強いと思われたのだろう。近くの人に安心感を与える木村は健在だ。昭和三十四（一九五九）年五月二十五日の日記に書かれている。

――自分のブラジル行きを人はなかなか本当にしない。自分の年齢をもって彼の地に渡り果たして成果を上げるまで生存するやということもその一つらしい。我が国の現状を思えば、日本人を歓迎してくれる広大なる天地のブラジルに一人でも多く移住して子孫の繁栄の一端とすべきである。自分は率先して往く決意なり。若い者の希望者をつれて、自分が斃《たお》るれば、あとは若い者達が継いでやればよい――

しかし、八月、木村は体調が悪化し、日赤山口病院に入院する。胃がんが再発したのだった。五年前に入院した際には、胃がんであることを隠し、胃潰瘍と告げられていた。すでにがんはおなかを手で触っただけでもしこりがあるのがわかるほどに膨らんでいた。末期だった。

手術もできず、九月には退院。夕暮れ、書道塾の教え子の松吉定男と肩を並べて塩田の小道を歩いた。

「余命は幾ばくもないけど、どのように過ごそうか考えているんだ」

まだ高校生の定男に、問わず語りに話した。定男は言葉が見つからず、何も答えることができないまま、ただ下を向いて歩いた。

十一月になり突然、上京し、義理の弟である香月秀雄が医師をしている千葉大学付属病院を訪ねた。当時、千葉大病院は胃がんの権威だった。

「実は面白い話があるんだよ。俺は胃がんだ。再発だろうと思ってお前の見込みを聞きに来た」

「いつごろからしこりがあるんですか」

「もうそろそろ一年くらいになるかなあ。手術はやるか」

「やると言われるなら、やってもいい。しかし、相当に難しい」

「後の医学の役に立つか」

「それは立つ」

「お前の役にも立つか」

「それは役に立つ」

「ではやってくれ」

木村はその足で入院。妻の貞子が驚いて病院に駆けつけたのは十日後だった。十一月十七日に手術が行われた。肝臓にいく大動脈ががんに囲まれ、動脈を切ってつなぐ大がかりな手術だった。

病室では木村は牢名主のような雰囲気で同室患者の面倒をみた。香月は時折、病室を訪れた。

「いいんだよ。痛いとかなんとか言ってもいいんだよ。痛み止めの薬なんかいっぱいあるんだ」

「うん、一切お前にまかせてあるんだ。苦しくない」

自分のことよりも、「隣の患者は苦しそうだぞ。診てやってくれ」などと言う具合だった。

回復しつつある木村のもとには次々と見舞い状が届いた。

――ブラジル渡航の意向ありとの報告を得、老来意気益々壮なりと感嘆致しおりしところ、誠に残念なる次第です。しかし経過良好とのことまず何と申しても不幸中の幸いと心からお祝い申し上げます。まず一応ブラジル行きは断念、全力を挙げて長生き

することこそ第一義と存じます──

兵学校の同期で親友の草鹿龍之介からである。防府の書道塾の教え子である須藤千寿子、義明姉弟からも励まされる手紙が届いた。

──おじちゃんは大手術されたそうですね。

いたかったでしょう？　東京の方はどんな所か一度行ってみたいです。きっとにぎやかな所でしょうね。防府の病院だったらおみまいにも行けるのに遠いので行かれず、ざんねんです。私も東京の東京タワーやにぎやかな町の様子を見たいと思っています。お正月までに習字もうんとうまくなって書きぞめに出そうと思っています。お正月ももう少しなので早く良くなって防府に帰って来てください。それではまたお便りします。おばちゃんにもよろしく。

お体に気をつけてください。　サヨウナラ──

封書の宛名と裏書きは姉の千寿子が書き、弟の義明の手紙も同封されていた。

──だんだん寒くなってきました。おじちゃんのごびょうきはいかがですか。しずつをせられたいへんよいと聞きましたので、ぼくは、うれしいです。早くたいいんしてかえられるようにいのっています。
また手紙を出します。たいせつにして下さい。ではさようなら——

昭和三十五（一九六〇）年二月十三日朝、病院のトイレで倒れているのを同室の患者が発見した。貞子と氣が病院に駆けつけたときにはすでに意識はなかった。午後一時四十五分、静かに息を引きとった。残っていた胃がんが内部で出血し、意識を失った。

死亡診断書には「木村昌福六十八歳、直接死因は胃がん再発、発病年月は二十九年二月ごろ」とある。

二月二十一日午後二時から鎌倉の英勝寺で葬儀告別式が営まれた。

「春厳院泰徳瑞雲昌福居士」

どの字からも木村の人柄が浮かび上がる法名が付けられた。

出棺の直前、晴れていた空が通過する前線の影響で突然曇り、日食のような暗さになった。参列者は天の配剤のように流れるままに生きた木村の最期に天も悲しんだのかとささやきあった。

木村昌福は最期まで変わることがない自然児のままだった。

あとがき

いま、木村昌福の生涯を書き終えて、改めてこの男と知り合うことができて幸せだったと爽快な気分に浸っている。相手を見るとき、上下や立場にとらわれない木村ならば、上司や部下、生徒、教官の立場を問わない。六十八年間のどの時期でも、木村と同じ空気を吸って生きていたならば、間違いなくこの男のことを好きになっていた。数少ない日記の記述だけでも、人を惚れさせることができる。

私が木村昌福を初めて知ったのはインパール作戦から生還したが、日本に帰らなかった元日本兵を追った『未帰還兵《かえらざるひと》』の取材で、あの日本軍にこんな指揮官がいたのか、と心の片隅に残っていた。

命ある部下をただ兵力としかみない指揮官である牟田口廉也のごり押しで始まったインパール作戦で死んでいった兵士、生き残っても帰国もしたくない兵士。その憤りはすべて無能な指揮官にたどり着いた。死に結びつく戦場における指揮官の責任の取り方に疑問が残ったままだった。

日本の軍人は牟田口廉也のような指揮官ばかりなのか。私たち戦争を知らない世代が知っておかなければならない指揮官はいないのか。暗澹たる思いだったが、木村昌福の名を思い出し、すぐさま取材を始めた。

少ない資料から、その年の夏、次男の氣氏にたどり着くことができた。氣氏の丁寧なアドバイスを受けながら、膨大な資料を収集、取材をしていた「阿武隈」の通信参謀を務めた星野清三郎氏もご紹介いただいた。海上自衛隊退官後、遺族のためにインタビューをし、資料をまとめたという星野氏の情熱に脱帽した。すでに故人となった方も多く、お二人のご協力がなければ、木村の素顔を知ることはなかった。改めて感謝を申し上げたい。

「撤退」という言葉自体が禁句だった当時、木村は五千二百人全員を救出する「キスカ撤退作戦」を成功させた。行け行けドンドンの勢いがある進攻作戦ならば、指揮官がどうであれ難しくない。しかし、撤退という後ろ向きの作戦の際、敗退ムードにならず目的意識を高く保ちながら、一つになって作戦を遂行するのは指揮官次第である。木村は部下を信頼し、責任は取ると公言した上で、すべてを任せ、突入日の決定など部下が迷ったときだけ決断をした。

死の直前、書道塾の子どもたちに当てた随想を書いた。

――人の上に立ってものをするとき、部下の者に仕事の一部を任した場合、どちらでもよい事はその人の考え通りやらせておくべし、そのかわり、ここはこうしなければ悪くなるとか、ここで自分が取らなければ、その人に責任がかかるという時には猶予なく自分でとること、人の長たる者心すべき大事なことの一つなり――

木村は最期まで、この言葉を実践した。百年に一度の不況と言われているいま、撤退の指揮官である木村昌福から学ぶべき点は多い。それよりも、出口が見えない真っ暗な現代だからこそ、木村のような上司の下で働いてみたい。こういう上司になりたい。そう思わせる男である。

敵兵の命を奪わず損害を与え、限りなく部下の命を尊重する。戦果の多くが「人命救助」という、日本が誇る後世に残したい海軍軍人。木村昌福に出会えたことを心から感謝している。

平成二十一（二〇〇九）年六月

将口泰浩

文庫版のあとがき

平成二十一年に単行本として上梓してから六年後、続編の思いを込め、『アッツ島とキスカ島の戦い――人道の将、樋口季一郎と木村昌福』（海竜社）を書き下ろした。玉砕という言葉が初めて用いられたアッツ島と奇跡の撤退を成し遂げたキスカ島。二つの島の運命を何が違えたのか。鍵を握っていたのは海軍の木村昌福中将と陸軍の樋口季一郎中将であった。二人にはともに、人道主義と現実主義が根幹に貫かれている。

柔和な木村と違い、樋口は謹厳な印象はあるが、身にまとっている空気感は変わらない。文庫版のあとがきとして、木村と対をなす樋口季一郎について追記したい。

明治二十一年、淡路島に生まれた樋口は陸軍幼年学校を経て、陸軍士官学校を卒業、木村の三歳年上に当たる。

陸軍大学卒業後、情報将校としてインテリジェンスに携わり、満州の関東軍情報部長ともいえるハルビン特務機関長の在任中、シベリア鉄道経由で欧州から避難してきたユダヤ人難民を救出する。杉浦千畝の「命のビザ」の二年前のことで、オトポール事件と呼ばれる。

参謀本部第二部長や金沢の第九師団長を経て、軍の中枢を外れ昭和十七年夏、札幌の北部司令官に就任する。しかし、閑職と思えたこの異動が樋口をアッツ島とキスカ島の重大な局面に巡り合わせることになる。

「万策を尽くして兵員兵備の増強増援を行ってみせる。わたしを信じて戦ってほしい」と送り込んだアッツ島守備隊長の山崎保代大佐に「敵を撃滅すべく着々準備を進めつつあり」と電報を打つ。

そのわずか一週間後、昭和十八年五月二十二日、「アッツ島への増援計画は都合により放棄す」という信じがたい命令を大本営から受けた。樋口は涙をにじませ怒りに体を震わせる。職を賭してユダヤ人難民を救った樋口が部下を見殺しにする。その無念は察するにあまりある。

しかし、悲嘆に暮れても仕方ない。まだキスカが残っている。せめてキスカだけでも救いたい。現実主義者の樋口はアッツ島放棄の交換条件として、キスカ島撤退を強硬に迫り、上層部に確約させた。

キスカ撤退作戦でもキスカ湾内の収容時間短縮のため、木村が携行品は最小限にし、さらに携帯兵器である三八式歩兵銃の放棄を陸軍に申し出る。

「陛下からいただいた銃を捨てられるか」と渋る陸軍に対し、木村は断固として譲らず、海戦になった場合、船内に銃が散乱していては戦闘に支障が出ると主張した。

陸海軍合同会議で陸軍参謀の田熊利三郎は「軍の意向を伺ってからお答えする」と態度を保留し樋口に報告する。樋口は「せめて携帯兵器だけは携行するようにできないか」と田熊に尋ねるが、「強硬で折衝がうまくいかなくなるかもしれない」という返答を聞くと、すぐさま「止むを得ざる場合は放棄するを得」と裁定した。樋口は「兵器放棄」という極めて重大な決定を独断で下したことになる。

後にこの判断が大本営で問題となる。「菊の御紋章の刻まれた銃が海中に投棄されたことは天皇の軍隊として許されまじき大事。しかも樋口が大本営の意向をきこうとはせず独断でした処置は僭越至極である」と非難の嵐にさらされた。

樋口はこう記している。

「欧米諸国の軍隊は、退くときは、可能な限り身軽になって退却した。彼等は人命を第一とし、ほとんど戦場に遺棄していくのをつねとする。欧米と日本の軍隊の差を私はそこにみる。兵器はつくれるが、人間はつくれない。ヒューマニズムの立場から人間第一主義というのだろう。孤島作戦の特質として一歩誤れば、人も物も失ってしまうのだ、ときとして物の損失は許されるべきであろう」

アッツ玉砕の引き換えであるキスカ撤退作戦。樋口は組織の長として大本営に真っ向から反論し、部下の命を守る姿勢を貫いたのだった。敵兵の命を奪わず損害を与え、限りなく部下の命を尊重する至誠の人であった木村と相通ずるものがある。

米軍が「パーフェクトゲーム」と名付けたキスカ撤退作戦は木村と樋口の人間味あふるる

指揮官が出会わなければ奇跡は起きなかった。

士卒は将の振る舞いを範とする。戦場の指揮官の判断は即、死に直結する。だからこそ戦地において組織を束ね、戦闘を指揮する将は人の道を歩まなければならない。

木村昌福中将と樋口季一郎中将のような指揮官が数多く存在し、海軍軍令部や陸軍参謀本部の幕僚として上層部に助言できれば、歴史も変わったかもしれない。そう思わせる、あくまでも人道を貫いた海軍と陸軍の将。語り継ぐべき二人の男である。

令和元年（二〇一九）年五月

将口泰浩

本書関連年表

	木村昌福関連	国内外の動き
明治二十三（一八九〇）年		十一月、第一回帝国議会開かれる
明治二十四（一八九一）年	十一月、静岡市紺屋町で生まれる	
明治二十七（一八九四）年		七月、日清戦争始まる
明治二十八（一八九五）年		四月、日清戦争終り、 下関講和条約締結
明治三十七（一九〇四）年		二月、日露戦争始まる
明治三十八（一九〇五）年	四月、県立静岡中学入学	九月、日露戦争終り、 ポーツマス条約締結
明治四十三（一九一〇）年	九月、海軍兵学校入学	八月、韓国併合
大正二（一九一三）年	十二月、海軍兵学校卒業	
大正三（一九一四）年	六月、練習航海で米国上陸 九月、初陣、青島要塞砲撃 十二月、少尉に昇進	七月、第一次世界大戦勃発

大正五（一九一六）年	十二月、中尉に昇進	
大正七（一九一八）年	五月、海外派遣隊としてシベリア出兵	
大正九（一九二〇）年	十二月、大尉昇進、第二艇隊艇長	一月、国際連盟加入
		常任理事国になる
大正十一（一九二二）年	五月、原田貞子と結婚	
大正十二（一九二三）年	五月、長男誕生するが生後三日で死亡	九月、関東大震災
大正十三（一九二四）年	七月、長女、淑子誕生	
	十二月、海軍大学校受験に失敗	
昭和二（一九二七）年	八月、次男、氣誕生	
昭和六（一九三一）年	八月、三男、昌誕生	
昭和七（一九三二）年		三月、満州国建国
昭和十二（一九三七）年	十二月、大佐に昇進	七月、盧溝橋事件、
		日中戦争始まる
昭和十四（一九三九）年	一月、特設工作船「香久丸」艦長就任	
昭和十五（一九四〇）年	十一月、巡洋艦「鈴谷」艦長就任	九月、日独伊三国同盟締結
昭和十六（一九四一）年	十二月、マレー攻略作戦に参加	八月、米国、対日石油輸出禁止 十二月、日米開戦

昭和十七（一九四二）年	三月、ビルマ進攻支援 四月、セイロン沖海戦参加 六月、ミッドウェー攻略作戦に参加 十月、ガダルカナル島沖の南太平洋海戦に参加 十一月、少将に昇進 十二月、舞鶴警備隊司令官に就任	三月、蘭印ジャワ占領 四月、本土初のドゥリットル空襲受ける 六月、キスカ島、アッツ島占領
昭和十八（一九四三）年	二月、第三水雷戦隊司令官に就任 六月、第一水雷戦隊司令官に就任 幌筵島到着 七月、五千二百人のキスカ撤退作戦成功	五月、アッツ島に米軍上陸、日本軍玉砕
昭和十九（一九四四）年	十一月、第二水雷戦隊司令官に就任	三月、インパール作戦始まる 七月、インパール作戦中止 七月、サイパン島日本軍玉砕
昭和二十（一九四五）年	七月、海軍兵学校防府通信学校長就任 十一月、中将に昇進	三月、東京大空襲 三月、硫黄島日本軍玉砕 八月、日本無条件降伏

昭和二十一（一九四六）年	五月、「二ノ桝塩田開発組合」発足	
昭和二十二（一九四七）年		五月、日本国憲法施行
昭和二十六（一九五一）年		九月、サンフランシスコ講和会議開催
昭和二十七（一九五二）年		四月、対日平和条約、日米安保条約発効 米軍の日本占領終る
昭和三十四（一九五九）年	十一月、塩業整備措置法で二ノ桝塩田廃止	
昭和三十五（一九六〇）年	二月、胃がんのため死去	

主な参考文献

＊「北東方面海軍作戦」（防衛庁防衛研修所戦史室著　朝雲新聞社）＊「ヒゲの提督木村昌福伝（前）」（星野清三郎著）＊「ヒゲの提督　木村昌福伝（続）」（星野清三郎著）＊小説「髭の司令官」（髭野次郎著）＊「戦場の将器　木村昌福」（生出寿著　光人社）＊「私と戦争」（小野打数重著）＊「連合艦隊参謀長の回想」（草鹿龍之介著　光和堂）＊「日本海軍の名将と名参謀」（市川浩之助ほか著　新人物往来社）＊「連合艦隊興亡記（上下）」（千早正隆著　中央公論社）＊「私記キスカ撤退」（阿川弘之著　文藝春秋）＊「奇蹟の高射砲隊」（平松清一著　叢文社）＊「ミッドウェーとアッツ島玉砕戦」（宇都宮泰長著　鵬和出版）＊「玉砕の島」（佐藤和正著　光人社ＮＦ文庫）＊「撤退」（有近六次ほか著　光人社ＮＦ文庫）＊「戦時用語の基礎知識」（北村恒信著　光人社ＮＦ文庫）＊「アッツ島玉砕戦」（牛島秀彦著　光人社ＮＦ文庫）＊「もう一度学びたい太平洋戦争」（後藤寿一監修　西東社）＊「日本陸海軍事典」（原剛、安岡昭男著　新人物往来社）＊「第二次大戦　米国海軍作戦年譜」（出版協同社）＊「朝日新聞に見る日本の歩み」（朝日新聞社編）＊「アサヒグラフに見る昭和の世相」（朝日新聞社編）＊「静岡高校同窓会報」（静岡高校同窓会編）

単行本　平成二十一年八月　産経新聞出版刊

NF文庫

キスカ撤退の指揮官

二〇一九年七月二十日　第一刷発行

著　者　将口泰浩

発行者　皆川豪志

発行所　株式会社　潮書房光人新社

〒100-8077　東京都千代田区大手町一-七-二

電話／〇三-六二八一-九八九一(代)

印刷・製本　凸版印刷株式会社

定価はカバーに表示してあります

乱丁・落丁のものはお取りかえ致します。本文は中性紙を使用

ISBN978-4-7698-3125-9　C0195

http://www.kojinsha.co.jp

NF文庫

刊行のことば

第二次世界大戦の戦火が熄《や》んで五〇年――その間、小社は夥しい数の戦争の記録を渉猟し、発掘し、常に公正なる立場を貫いて書誌とし、大方の絶讃を博して今日に及ぶが、その源は、散華された世代への熱き思い入れであり、同時に、その記録を誌して平和の礎とし、後世に伝えんとするにある。

小社の出版物は、戦記、伝記、文学、エッセイ、写真集、その他、すでに一、〇〇〇点を越え、加えて戦後五〇年になんなんとするを契機として、「光人社NF（ノンフィクション）文庫」を創刊して、読者諸賢の熱烈要望におこたえする次第である。人生のバイブルとして、心弱きときの活性の糧《かて》として、散華の世代からの感動の肉声に、あなたもぜひ、耳を傾けて下さい。